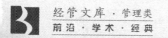

经管文库·管理类
前沿·学术·经典

闽南师范大学学术著作出版专项经费资助
福建省 2022 年社会科学规划项目"'银色'数字鸿沟弥合机制及对策研究
（FJ2022B159）"成果

A NEW BREAKTHROUGH IN THE SILVER DIGITAL DIVIDE
—EXPLORATION AND PRACTICAL RESEARCH ON THE
APPLICATION OF INTELLIGENT TECHNOLOGY IN
ELDERLY COMMUNITY EDUCATION CARRIERS

银色数字鸿沟的新突破
——老年人社区智能技术应用教育载体探索与实践研究

黎春娴 著

MANAGEMENT

经济管理出版社
ECONOMY & MANAGEMENT PUBLISHING HOUSE

图书在版编目（CIP）数据

银色数字鸿沟的新突破 ： 老年人社区智能技术应用
教育载体探索与实践研究 / 黎春娴著 . -- 北京 ： 经济
管理出版社， 2024.（2025.7重印）

-- ISBN 978-7-5096-9949-2

I. D669.6-39

中国国家版本馆 CIP 数据核字第 2024CP5152 号

组稿编辑：杨国强
责任编辑：赵天宇
责任印制：许　艳
责任校对：王淑卿

出版发行：经济管理出版社
　　　　　（北京市海淀区北蜂窝 8 号中雅大厦 A 座 11 层　　100038）
网　　　址：www.E-mp.com.cn
电　　　话：（010）51915602
印　　　刷：唐山昊达印刷有限公司
经　　　销：新华书店
开　　　本：720 mm × 1000 mm/16
印　　　张：13.5
字　　　数：228 千字
版　　　次：2024 年 12 月第 1 版　　2025 年 7 月第 2 次印刷
书　　　号：ISBN 978-7-5096-9949-2
定　　　价：98.00 元

前　言

随着科技的不断发展，以数字信息技术为特征的数字时代正以前所未有的速度改变着人们的生活方式。在这一过程中，老年人作为一个特殊群体，面临着数字鸿沟带来的巨大挑战。本书旨在针对老年人面临的"数字鸿沟"问题，探讨社区智能技术在消除银色数字鸿沟中的应用，以及如何构建老年人社区智能技术应用教育的实践路径。

本书共分为六章。第一章分析了数字时代产生的背景及银色数字鸿沟产生的原因。本章将关注数字技术的飞速发展对老年人生活的影响，以及由此产生的银色数字鸿沟问题。

第二章通过调研分析，阐述银色数字鸿沟的具体表现。本章将从"互联网＋医疗""掌上出行""云支付"等方面展现社区老年人在数字时代所面临的困扰和限制。

第三章探讨了老年人社区智能技术应用在消除银色数字鸿沟中发挥的作用。本章介绍了通过便捷的在线反馈、个性化服务、媒介素养提升和社会人文关怀等途径，帮助社区老年人适应数字时代。

第四章着重探索了老年人社区智能技术应用教育载体的建设。本章介绍了持续组织开展社区"智慧助老"行动、开通"定制化电信服务"暖心通道、开设老年人社区"玩转智慧"课程和建设老年智能技术应用活动中心或体验基地等方面的实践和探索。

第五章对老年人社区智能技术应用教育的实践路径进行构建。本章从数字赋能、智慧养老、数字助老、数字反哺和数字包容等方面，详细阐述了如何构建适应老年人需求的数字生态系统。

第六章展望了老年人社区智能技术应用教育实践的未来发展。本章探讨了如何建立老年人社区智能技术应用教育服务体系，以及社区居家养老服务信息系统的深度普及等方面的发展趋势。

本书试图通过对老年人社区智能技术应用教育载体实践的研究，为社会各界提供参考和借鉴，以实现老年人在数字时代的更好融入和发展；力求提供全面而实用的解决方案，帮助老年人适应数字时代的挑战，以应对银色数字鸿沟带来的困境；期望通过对智能技术在老年人社区教育应用的研究，为政府、企业、社区和家庭等各方提供有益的参考，并推动社会各界共同关注老年人在数字时代的需求和困扰。

目　录

第一章　数字时代与银色数字鸿沟产生的背景分析

数字时代，标志着一个全新的社会变革阶段已经到来，它以电子信息技术为基础，渗透到人们生活的方方面面。这个时代的诞生与发展，是由信息技术的日益进步和人类对个性化选择的需求驱动的。从计算机的初现，到互联网的崛起，再到移动设备和新兴技术如人工智能、物联网、区块链的广泛应用，不难看出数字时代发展的轨迹和步伐。然而，正如每次技术革新和社会变迁都会带来一些问题和挑战一样，数字时代也不例外。银色数字鸿沟，即老年人在数字技术应用中的使用障碍和参与不足，正是这样一个问题。这个问题的背景复杂，涉及中国人口老龄化、技术快速发展与老年人适应能力的矛盾、个体因素的影响以及老年人媒介素养的缺失等多个方面。

第一节　数字时代的内涵、产生背景、发展历程概述

数字时代，以电子信息技术为基础，深度影响着人们的生活、工作和学习。其产生背景是基于信息技术的进步和人类对个性化选择的需求。自 20 世纪 60 年代计算机初现，到 70 年代微处理器的出现、80 年代互联网的崛起，再到 21 世纪移动设备与新兴技术如人工智能、物联网、区块链的普及，数字时代的发展历程展现了技术进步和社会变革的交织。

一、数字时代的内涵与特点

在对今天的社会形态进行探讨时，一个词语不可避免地浮现在人们的视野

中，那就是"数字时代"。数字时代也被广泛称作电子信息时代，是以数字技术为基础的时代。这个时代的核心是电子信息技术，所有的信息和数据都是通过电子设备进行传输、处理和存储，这些设备的工作语言都是由数字表示的。在数字时代，无论是人们的生活、工作还是学习，都离不开电子信息技术。这并非偶然，而是由数字时代的内涵和特性所决定的。

（一）数字时代的内涵

当下，全球工业化的发展范式逐渐接近极限，其负面效应正不断涌现。人类社会逐渐进入到"人类世"发展的新阶段，即"人类的活动已经成为地球系统动态变化的主要驱动力"[①]。在数字时代，电子信息技术不仅是一个辅助工具，更是构建人们生活、工作和学习的基础。这一时代的出现和发展，使得人们的行为模式、思维方式以及社会关系都发生了重大变化。

1. 从信息的传输、处理和存储的角度来理解数字时代

进入 21 世纪以来，"数字时代"的时代特性越发显著。全球数字化规模在广度上继续拓展。目前，集成电路性能与成本的反比发展态势正逐渐超越摩尔定律的预言。数字技术的不断扩散使互联网的普及性与代表性得到增强。截至 2021 年，全球约有 46.6 亿互联网用户，约占世界人口总数的 59.5%。而移动互联网用户更是达到 52.2 亿，约占全球人口的 66.6%[②]。在这个时代，传统的纸质文档和其他物理媒介已经不能满足人们对信息处理的需求。相反，人们需要更快、更便捷、更全面的方式来获取、处理和传递信息。数字技术的出现，使得信息的传输、处理和存储变得更加高效和精准。人们可以在瞬间接收到来自世界各地的信息，也可以在电子设备上处理各种数据，还可以在云端存储海量的信息。这一切都得益于数字技术的发展。

2. 数字时代改变了人们的行为模式

在数字时代，人们的生活、工作和学习都离不开电子设备。人们通过智能手机获取信息，通过电脑进行工作，通过平板电脑进行学习。人们的社交活动也更加依赖于电子设备和网络平台。人们在社交媒体上分享生活，在网络平台

---

① 奥兰·扬. 复合系统：人类世的全球治理［M］. 杨剑, 孙凯, 译. 上海：上海人民出版社, 2019：2.
② We are social, Hootsuite. Digital 2021：Global Overview Report［EB/OL］. https://wearesocial-cn.s3. cnnorth-1. amazonaws. com. cn/common/digital2021/digital-2021-global. pdf, 2021-01-27.

上进行交流和讨论。人们的生活已经和数字技术紧密相连，人们的行为模式也因此发生了变化。

3. 数字时代改变了人们的思维方式

在数字时代，人们需要处理的信息量比以往任何时候都要大。面对海量的信息，人们需要更加敏锐的洞察力、更加独立的思考能力、更加灵活的处理方式。人们需要从各种信息中提炼出有价值的内容，人们需要在复杂的信息环境中做出判断和决策。这对人们的思维能力提出了更高的要求，也使人们的思维方式变得更加开放和创新。

4. 数字时代改变了人们的社会关系

在数字时代，信息的流动不再受地理位置的限制，人与人之间的联系更加便捷。人们可以通过网络平台与世界各地的人进行交流，人们可以通过电子设备建立和维持社会关系。同时，数字技术也使人们的社会关系变得更加复杂和多元。人们不仅需要处理线下的社会关系，也需要处理线上的社会关系。所以，这也意味着人们需要在真实世界和虚拟世界中寻找平衡，以适应数字时代的变化。

（二）数字时代的特点

数字时代是一个以数字技术为基础，以电子信息为驱动力的时代。这个时代中，人们的生活、工作和学习都紧密地依赖于电子信息技术，正是这些技术塑造了人们所谈论的"数字时代"。然而，为了深入理解这个时代的特质，人们需要进一步剖析其关键特点：永久性、可复制性、即时性、高效性和倾向秩序性。

1. 永久性

在数字化的环境中，任何形式的信息都可以被转化为数字，并被永久地存储在电子设备中。这种永久性的存储方式不仅保证了数据的长期保存，而且在一定程度上也改变了人们对时间和空间的认知。在传统的物理环境中，信息的保存受到时间的限制，而在数字环境中，时间的限制被打破，信息可以随时随地被访问和使用。这种永久性的特点使得人们可以随时随地获取和使用信息，极大地提高了信息的利用效率。

2. 可复制性

在数字环境中，任何形式的信息都可以被无限地复制和传播。例如，一首歌曲或一部电影可以在短时间内被无数人下载和欣赏，这在传统的物理环境中是无法做到的。这种可复制性的特点使得信息的传播速度和范围得到了前所未有的扩大。

3. 即时性

在数字环境中，信息的传输和接收都可以实现实时性。美国麻省理工学院教授尼葛洛庞帝就明确指出，数字时代在传输信息过程中，互联网使用者的头脑中缺失了距离的概念，相对于近距离的通信对象，更远的信息常常也能够更快地被接收，远方的信息接收者可以在时差存在的前提下及时回复信息，因此在心理上反而觉得距离更近，信息发送者与接收者之间的时间与空间界限变得模糊起来，存在感弱化[①]。这种即时性的特点使得人们可以随时获取最新的信息，无论是新闻报道，还是个人的社交消息，都可以在第一时间被人们得知。这种即时性的特点使得信息的传播速度和效率得到了极大的提升。

4. 高效性

在数字环境中，信息的处理和传输都可以通过自动化的方式来实现，这大大提高了信息处理和传输的效率。例如，通过互联网和数据挖掘技术，人们可实现在最快的速度下获取大量信息，并对这些信息进行快速的分析和处理（数据挖掘处理模型和数据快速处理模型分别如图 1-1 和图 1-2 所示）。这种高效性的特点使信息的利用效率得到了极大的提升。

5. 倾向秩序性

在数字环境中，信息的管理和处理都是基于一定的规则和秩序进行的。例如，搜索引擎通过复杂的算法将海量的信息进行分类和排序，使得人们能够在短时间内找到所需要的信息。同时，随着大数据和人工智能技术的发展，这种秩序性的特点更是体现在对海量数据的处理和分析上，通过数据的筛选和挖掘，能够发现隐藏在数据中的规律和趋势，为决策提供支持。这种秩序性的特点使信息的处理和管理变得更加有序和有效。

---

① 尼葛洛庞帝.数字化生存［M］.胡泳，范海燕，译.海口：海南出版社，1997：208.

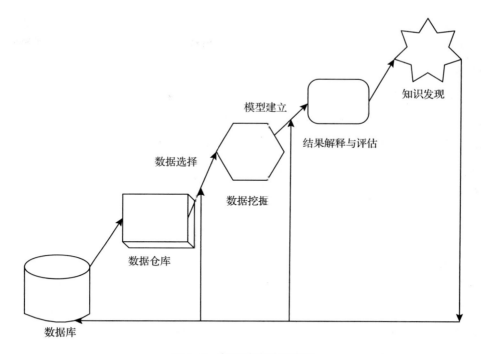

图 1-1 数据挖掘处理模型

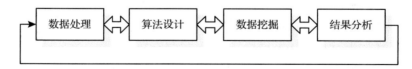

图 1-2 数据快速处理模型

二、数字时代产生的背景

数字时代代表了一个全新的时代背景和社会环境，它是在工业时代和信息时代之后崛起的一个新阶段。这一阶段始于 2000 年，至今持续发展，其根本特征在于实现了"真正的个人化"。在这个新的历史阶段，人类社会的主要特征和运行机制发生了深刻的变化，这些变化的出现与信息技术的发展密切相关。

（一）信息技术发展的必然结果

在人类社会的发展历程中，每一个新时代的出现，都与技术的革新与发展密切相关。正如工业时代的诞生源于蒸汽机和电力的广泛应用，信息时代则是由于电脑和互联网的出现，而数字时代的到来，无疑是信息技术发展的必然结果。

信息技术的发展，特别是互联网和计算机技术的普及，极大地改变了信息的传输和处理方式。在过去，信息的获取和传播速度受到许多限制，而在数字时代，任何形式的信息都可以被快速地传输和处理。这种信息传输和处理的高效性，使人们能够在短时间内获取大量的信息，也使人们能够更加方便地与他人交流和合作。这种信息技术的发展，无疑为数字时代的到来打下了坚实的基础。

（二）个人选择的丰富化

在数字时代，个人的选择空间大大扩展。这是因为，信息技术的发展，使得人们可以通过互联网获取各种信息，从而有了更多的选择。无论是在学习、工作，还是在生活中，人们都可以根据自己的需求和兴趣，选择最适合自己的信息和服务。例如，在学习上，人们可以通过网络课程，获取全球顶尖大学的教学资源；在工作上，人们可以通过远程办公，实现灵活工作；在生活上，人们可以通过电商平台，购买全球各地的商品。这种个人选择的丰富化，无疑使人们的生活更加便利，也更加丰富多彩。

（三）个人与环境的恰当配合

在数字时代，人与环境的关系发生了重大变化。在过去，人们往往受到环境的限制，而在数字时代，人们可以通过数字技术，更好地改变和适应环境。例如，通过智能家居技术，人们可以根据自己的需求，调整家庭的温度、湿度和光照等环境条件；通过地理信息系统，人们可以获取地理位置信息，更好地规划出行路线。再如，通过项目管理软件，人们可以更有效地分配和跟踪工作任务；通过协作工具，人们可以远程合作，无需面对面交流就能完成团队工作。

更为重要的是，数字技术使得人们可以更好地了解他人和社会。在过去，人们了解他人主要依赖于直接的面对面交流。在数字时代，人们可以通过社交媒体，获取他人的想法和情绪；通过大数据分析，了解社会的趋势和规律。这种对人的深度了解，无疑使人们可以更好地理解和适应社会环境。

综上所述，数字时代的出现，是人类对信息技术的深度利用和应用的结果。在这个时代，个人选择的丰富化和个人与环境的恰当配合，使人们的生活更加便利，也更加丰富多彩。同时，这个时代也对人类社会的发展提出了新的挑战，如何在保障个人权利和隐私的同时，充分利用数字技术的潜力，无疑是广大学者需要认真思考和探讨的问题。

三、数字时代的发展历程

从 20 世纪 60 年代的计算机初现，到 21 世纪的智能化、网络化世界，数字时代在短短几十年经历了一场从无到有，再到无所不在的革命。

20 世纪 60 年代，计算机开始出现在商业和政府领域，这标志着数字化时代的曙光。计算机以其对信息的高效处理和存储能力，迅速被商业和政府部门所接纳，成为数据处理和决策支持的重要工具。同时，计算机的应用也催生了一系列新的行业和职业，如软件开发、数据分析等，对社会经济产生了深远影响。

进入 20 世纪 70 年代，微处理器的出现使得计算机变得更加小型化和便携，这使得计算机逐渐普及到家庭和个人使用。微处理器的出现，不仅使得计算机更加便于携带和使用，也使得计算机的生产成本大幅下降，从而使得更多的个人和家庭能够拥有计算机。这一变化，为数字化时代的到来打下了坚实的基础。

然而，真正标志着数字化时代的开始，是 20 世纪 80 年代互联网的发展。互联网使得计算机之间可以进行联网通信，这不仅极大地提高了信息的传输速度和范围，也使得人们可以在全球范围内进行信息的分享和交流。互联网的发展，使得数字化时代的潜力得以充分发挥，同时也给社会带来了前所未有的变革。

进入 20 世纪 90 年代，随着万维网的发展，互联网开始成为信息共享和交流的主要平台，同时数字媒体技术也得到了进一步发展，包括数字音频和视频技术。这些技术的发展，使得人们可以更方便地获取和分享信息，同时也催生了一系列新的应用和服务，如在线音乐、视频流媒体等。

21 世纪初，移动设备和智能手机的出现使得人们可以随时随地接入互联网，数字化技术的普及程度进一步提高。与此同时，这也意味着数字技术开始深入到人们的日常生活中，影响人们的工作、学习和娱乐方式。

21 世纪 20 年代后，人工智能、物联网、区块链等新兴技术进一步推动了数字化时代的发展，使得数字化技术逐渐深入到各个行业和领域。人工智能让机器有了学习和思考的能力，使其在各领域的应用更加广泛和深入，如自动驾驶、智能家居、机器翻译等。物联网通过将物体与网络连接，使得信息的获取和传输更加便捷，广泛应用在智慧城市、智慧医疗、智慧农业等领域。区块链技术则为数据安全提供了新的解决方案，其去中心化、透明化和不可篡改的特性，使其在金融、供应链、版权保护等领域展现出巨大的应用潜力。这些新兴技术的出现，不仅推动了数字化时代的深度发展，也为人类社会带来了巨大的变革。它们改变了人们的生活方式，改变了经济的运行模式，同时也带来了一系列新的挑战和问题，如数据安全、隐私保护、就业结构调整等。

回顾数字时代的发展历程，不难看出，每一次技术的进步都带来了社会的变革。从最初的计算机出现，到互联网的发展，再到人工智能、物联网、区块链等新兴技术的出现，每一次技术的进步都伴随着人类生活方式和社会结构的变化。这是因为数字化技术不仅改变了人们处理信息的方式，也改变了人们获取信息、交流信息、利用信息的方式。在这个过程中，人们的需求和期待也在不断变化，推动着数字化时代的进步。

第二节　银色数字鸿沟产生的背景分析

银色数字鸿沟产生的背景源于中国人口结构的老龄化与媒介技术的新型发展之间的冲突。随着科技的飞速发展，人们生活和交流的方式都发生了根本的改变。然而，这种变化对于老年人群体来说，却显得尤为困难。他们在接触和使用这些新型媒介技术时，不仅要面对技术权威的障碍，而且还要克服自身的生理和认知限制。同时，他们在媒介素养方面的缺失，也使得他们在数字世界中面临诸多安全风险。因此，银色数字鸿沟的产生，是由于新型媒介技术的发展与老年群体的特殊需求和能力之间的矛盾冲突所造成的。

一、中国人口结构的"老"与媒介技术的"新"产生冲突

中国人口结构的"老"和媒介技术的"新"的不断发展，无疑产生了显著的冲突。一方面，老龄化的人口结构导致了大量的老年人需要接触和使用新型的媒介技术，而他们的生理状况和技术接触经验往往不能满足这些新技术的使用需求。另一方面，新型的媒介技术，尤其是互联网和智能化设备，其设计和操作往往偏向年轻人的需求和习惯，而对于老年人的特殊需求和使用习惯考虑不足，这无疑加大了他们使用新型媒介技术的难度。

（一）中国人口结构的"老化"具体表现

1. 老年人口总量迅速增长是"老龄化"最直观的体现

根据预测，2018~2049 年，中国 65 岁以上的老年人口将出现两个增长高峰。第一次增长高峰发生在 2018~2022 年，这是因为 1949 年以后首个"婴儿潮"出生的人口在此期间进入老龄化阶段。此后不久，即 2027~2038 年，第二次增长高峰即将到来，这是第二个"婴儿潮"出生人口进入老龄化阶段的结果（见图 1–3）[①]。这两次人口高峰间隔相对较短，给社会公共资源配置，尤其是养老服务体系建设带来了挑战。

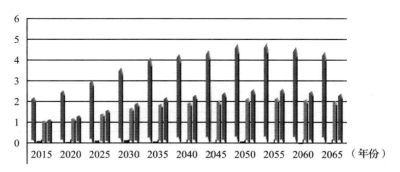

■老年人总体规模（亿人）■年度净增（百万人）■男性（亿人）■女性（亿人）

图 1–3 （2015~2065 年）中国老年人规模变动趋势

---

① 杜鹏，李龙.新时代中国人口老龄化长期趋势预测［J］.中国人民大学学报，2021，35（1）：96–109.

2. 老龄人口结构的变化和高龄化现象的显现揭示了老龄化问题的复杂性

老龄化问题的复杂性可以从老龄人口结构的变化和高龄化现象的显现中得到揭示。根据预测，2019~2038 年，70 岁以下的老人将迅速增长，约占总老龄人口的 2/3。这意味着相对较年轻的老年人将成为老龄人口的主体。然而，从 2041 年开始，80 岁以上的高龄老人数量将呈爆发性增长，并且他们的占比也将迅速扩大。另外，高龄老人通常需要更多的护理服务和医疗资源，因为他们在身体健康和功能方面或多或少会存在一定的挑战和需求。这将给社会的养老服务体系和医疗保障体系带来巨大的压力。

3. 劳动年龄人口的减少和劳动力市场的老龄化也是老龄化的重要表现

老龄化的重要表现之一是劳动年龄人口的减少和劳动力市场的老龄化，图 1-4 是针对中国劳动年龄人口变化趋势的直观呈现。[①]

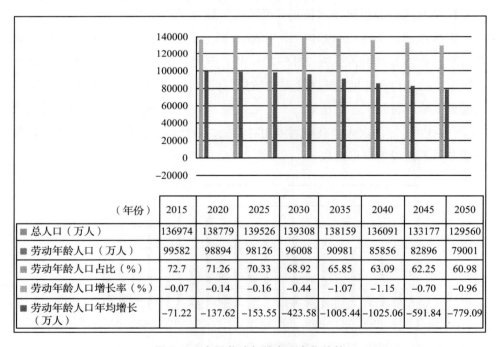

（年份）	2015	2020	2025	2030	2035	2040	2045	2050
▪ 总人口（万人）	136974	138779	139526	139308	138159	136091	133177	129560
▪ 劳动年龄人口（万人）	99582	98894	98126	96008	90981	85856	82896	79001
▪ 劳动年龄人口占比（%）	72.7	71.26	70.33	68.92	65.85	63.09	62.25	60.98
▪ 劳动年龄人口增长率（%）	−0.07	−0.14	−0.16	−0.44	−1.07	−1.15	−0.70	−0.96
▪ 劳动年龄人口年均增长（万人）	−71.22	−137.62	−153.55	−423.58	−1005.44	−1025.06	−591.84	−779.09

图 1-4　中国劳动年龄人口变化趋势

---

① United Nations Department of Economic and Social Affairs Population Devision. World Population Prospects：The 2010 Revision［EB/OL］. https：//www. un. org / development / desa / pd / sites / www. un. org. development. desa. pd / files / files / documents / 2020 / Jan / un_2010_world_population_prospects–2010_revision_highlights. pdf.

如图 1-4 所示，这种趋势表明，中国劳动年龄人口在 2015 年达到峰值，之后开始逐渐下降。这意味着可供劳动力市场使用的人口数量减少。同时，劳动年龄人口中 55~64 岁的大龄劳动者比例已在迅速增长，预计到 2050 年，该比例会进一步增大。也就是说，即使在劳动力市场中，年龄较大的劳动者的比例也在增加。劳动力市场的老龄化势必会对其活力和创新能力产生影响。老年劳动力相比年轻劳动力也会面临一些挑战，如身体条件的限制、技术更新的速度等。这必然导致劳动力市场的某些方面受到影响，如劳动力供给的减少、技能结构的不匹配等。劳动力市场的老龄化还会对经济产生一定的影响，随着劳动年龄人口减少，劳动力供应的紧缺也会导致劳动力成本上升。此外，老年劳动力的就业情况和收入水平也是经济稳定和社会公平的重要考量因素。

4. 人口抚养比的提高和养老负担的加重是老龄化带来的社会负担

近些年，我国老龄化程度不断加深，在 2021 年的统计数据中显示，中国 65 岁及以上人口占比超过 14%，也就意味着正式进入深度老龄化社会（根据国际通行标准，65 岁及以上人口所占比例超过 7%，即为进入老龄化社会；超过 14%，为深度老龄化，超过 20%，为超老龄化社会）[1]。老龄化带来的社会负担主要表现在人口抚养比的提高和养老负担的加重。人口抚养比是指非劳动年龄人口（老年人和儿童）与劳动年龄人口之间的比例关系。随着老年人口比例的增加，人口抚养比将不断上升。与此同时，由于生育率下降和人口老龄化加剧，儿童抚养比也在相应减少。这导致老年抚养比和儿童抚养比之间的差距不断拉大。这种差距的扩大意味着社会的抚养负担将越来越多地集中在养老方面。随着老年人口增加，需要提供给他们养老金、医疗保健、长期照护等各种养老服务的需求也将大幅增加。这对社会保障体系，尤其是养老保障体系提出了新的挑战。

5. 家庭规模的缩小以及空巢老人规模的扩大是老龄化在社会组织形态上的主要表现

1982 年，计划生育政策被正式写入宪法，这奠定了中国接下来 30 余年人口政策的基调。直到 2016 年 1 月 1 日，修订后的《中华人民共和国人口与计

---

① 郝婷. 人口老龄化、人力资本对经济增长的影响［D］. 太原：山西财经大学硕士学位论文，2023.

划生育法》提倡一对夫妻生育两个子女，事实上宣告我国的独生子女政策正式终结。但少生、优生政策的长久施行，家庭生育观念的改变以及孩子的生育和抚养成本的逐步攀升，导致我国人口出生率日渐降低。据 2023 年《中国统计年鉴》数据显示，我国 0~14 岁人口数占比为 16.9%，少儿抚养比为 24.8%。预计到 2050 年，中国家庭人数平均将降至 2.51 人①。其中，在农村地区，家庭规模的下降更为显著。这是由于农村子女数量的减少和子女向城市地区的流动导致的。然而，随着家庭规模的缩小，空巢老人的数量却在不断增加。空巢老人是指只有一位老人居住，或者老年人与配偶共同居住的家庭。预计到 2050 年，大约 10% 的家庭将是空巢老人独自居住。在这种情况下，老年人的生活照顾和情感需要将面临新的挑战。传统的家庭结构中，老年人可以依赖子女的照顾和陪伴，但空巢老人往往需要依赖社区和社会资源来满足这些需求。因此，如何提供高质量的老年人照顾服务，如何构建富有亲和力的社区环境，如何通过科技手段解决老年人的生活和健康问题，这些都将是应对老龄化的重要任务。除此之外，还有许多家庭由于子女日常工作过于繁忙，而且生活中的琐事较多（如照顾孩子），无暇与之保持情感沟通，这样就导致老年人虽未身处空巢之中，但内心的情感缺失较为严重。对此，通过科技手段来满足社区老年人普遍而又迫切的情感需求，无疑也成为全社会共同关注的焦点。

（二）媒介技术的"新"具体表征

1. 传播的互动性

在传统媒介中，信息的传播是单向的，媒介机构是信息的生产者和发布者，而观众则是信息的接收者。然而，新媒介的出现打破了这一模式，它的互动性使得用户不仅可以接收信息，还可以参与到信息的生产和传播中来。用户可以通过评论、分享、点赞等方式对信息进行反馈，甚至可以自己发布信息，这大大增强了信息传播的动态性和多元性。

2. 多媒体性

在传统的媒体环境中，人们所接触到的信息主要以文字和图片的形式存在，但是在新媒介的环境下，信息的呈现方式变得更加丰富多样。这不仅包括

---

① 徐宗煌. 基于多元回归模型的养老床位需求预测［J］. 沈阳大学学报（社会科学版），2022，24（1）：52–61.

文字、图片，还包括音频、视频、动画等多种形式。新媒介的这种多媒体性极大地丰富了信息的表达方式，使得信息更具有感染力和吸引力。例如，一个新闻事件，通过文字报道，人们可以了解到事件的基本情况；通过图片，人们可以看到事件现场的实际情况；通过音频，人们可以听到现场的声音；通过视频，人们可以更直观地看到事件的全过程。这种丰富的表达方式，使得信息更加生动，更能引起人们的共鸣。

3. 个性化

在传统媒体环境中，信息的发布大多是面向大众的，很难满足每一个人的个性化需求。但是在新媒介环境中，由于可以获取用户的浏览历史、搜索记录等个人数据，因此可以根据这些数据推送相关的信息，提供个性化的服务。例如，人们在网上搜索关于某一款手机的信息时，在浏览网页时会看到这款手机的广告。这种基于数据的个性化服务，使得用户在获取信息的过程中，更加便捷、高效，同时也大大提高了信息的利用率。

4. 网络化

新媒介主要是基于网络的，因此其传播载体具有高度的联通性和共享性。信息在网络上的流动，不再受到地域和时间的限制，可以在瞬间传递到全世界的任何一个角落。这种网络化的特性，使得新媒介能够提供多媒体形式的业务应用以及多样的信息交互活动，使信息的传播更加广泛和深入。同时，网络化也意味着信息传播的速度和广度都大大提高，从而使得信息传播更加高效和快捷。

5. 时效性

传统媒介如电视、报纸等，受到多种因素的限制，如生产周期和物理分发过程。这意味着信息传递的速度相对较慢，无法及时满足人们对信息的需求。然而，新媒介通过互联网的快速传输能力，几乎可以实时地传递信息。一旦事件发生，用户就可以立即通过网络获取相关信息。这种时效性特别适应了现代社会快节奏、高效率的需求。对于突发事件的报道、紧急信息的传递等方面，新媒介的时效性展现出了巨大的优势。

6. 无界限性

在传统媒介中，信息的传播受到地域和时间的限制。电视和报纸的传播范围通常局限于特定地理区域，而且信息只能在特定的时间段内获取。然而，新媒介的信息传播在空间和时间上没有边界，用户可以在任何地方、任何时间获取信息。这种无界限性不仅增加了信息获取的便利性，也极大地拓宽了信息传播的范围。人们可以通过互联网连接全球，并随时获取来自世界各地的信息，这为跨越地域和文化的交流提供了巨大的机遇。

7. 公众参与性

在传统媒体中，信息的生产和发布主要由专业的媒体机构完成，而公众则是信息的接收者。然而，在新媒介中，每个用户都会成为潜在的信息生产者和发布者，公众参与度也会随之提高。通过社交媒体、博客和视频分享平台等工具，个人可以轻松地创作和传播内容，与他人分享观点和经验。这种变化不仅改变了信息传播的模式，也增强了信息的多元性和生动性。公众的参与使得信息更具有互动性和个性化，推动了民众之间的交流和合作。

（三）中国人口结构的"老"与媒介技术的"新"的具体冲突

中国的老龄化趋势已经显著，根据民政部发布的《2022年民政事业发展统计公报》显示，截至2022年底，我国60周岁及以上的老年人口28004万人，占总人口的19.8%，这是一个无法逆转的现实。预计在未来几十年内，这种趋势将继续，而新媒介技术的迅速发展正在改变人们的生活和信息获取方式。然而，这种变革并不是所有人都能够顺利接受和适应的，尤其是对于老年人群来说，他们在适应新媒介技术方面面临着严峻的挑战。

1. 新媒介技术的普及和应用要求用户具备一定的数字素养

中国的老年人口在年轻时没有机会接触新媒介技术，因此，他们对新媒介技术的操作和使用充满了困惑。例如，使用智能手机下载和操作应用、使用电子邮件发送信息、利用搜索引擎获取信息、使用社交媒体与人交流等技能对他们来说都是一种挑战。新媒介技术隔阂使他们在获取和使用信息的过程中处于劣势，无法充分利用这种技术带来的便利。

2. 新媒介技术的发展改变了信息的传播方式和内容

在新媒介环境下，信息的传播速度快，更新频率高，信息的形式也多样化，包括文字、图片、音频、视频等。这对于习惯通过报纸和电视获取信息的老年人来说，无疑增加了他们获取和理解信息的难度。在新媒介环境下，信息

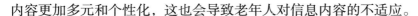

内容更加多元和个性化，这也会导致老年人对信息内容的不适应。

3. 新媒介技术的发展带来了一些社会问题

新媒介技术的发展也带来了一些社会问题，如网络诈骗、虚假信息等。老年人由于对新媒介技术的理解和操作能力较弱，因此更容易成为这些问题的受害者。

二、技术权威阻隔老年群体的数字接入

我国人口老龄化的趋势日益明显，而数字生活却在急速变革，这使得老年人群体在数字鸿沟的问题上日益突出。由接入差别、使用差别和知识差别引发的问题使老年人成为数字弱势群体。当面临突发公共卫生事件，老年人群体的媒介素养不足，使他们在应对公共卫生事件和适应数字化发展的过程中遭遇困难，成为全社会关注的焦点。其中，技术权威阻隔老年人群体的数字接入是一个重要的问题。在分析这个问题时，先要理解"技术权威"这一概念。技术权威可以理解为技术的规则、操作流程和标准等，这些都是技术使用者必须遵循的规则。然而，这些规则往往是由技术的设计者和开发者设定的，他们通常会从自身的视角和需求出发，而忽视了老年人的特殊需求，这便使得老年人在数字接入上遭遇了阻碍。

（一）老年人在接触新技术时，通常需要通过阅读手册或者接受培训才能掌握操作流程

在一般情况下，任何新的技术，无论是智能手机，还是电子阅读器，乃至复杂的软件应用，他们的使用都需要一定的学习过程。在这个学习过程中，人们通常会通过阅读使用手册，或者参加一些培训课程，来了解新技术的基本操作和使用规则。这种学习过程对于大部分年轻人来说，可以轻而易举地迅速掌握新技术的操作流程，也能够熟练地使用新技术进行各种活动。然而，对于老年人来说，这个过程就显得相当艰难。

（二）技术权威的规则往往假定使用者都具备一定的基础知识和技能

由于年龄和教育背景的影响，大部分老年人在技术使用上的知识和技能都相对较弱。他们在年轻时没有接触过这些新技术，也没有接受过相关的教育和培训。因此，当他们在面对新技术时，他们需要付出更多的努力，也需要花费

更多的时间，才能理解和掌握新技术的操作流程。这种情况在很大程度上暴露出了老年人在技术使用上的不足，也体现了技术权威对他们的一种排斥。

在科技领域，技术权威的规则通常是根据使用者的技术能力和需求来制定的。这意味着，在技术设计和应用中，存在着一种对于技术能力的默认期待。在大部分情况下，这种期待是基于一种假设，即使用者都具备一定的基础知识和技能。这种假设在一定程度上排除了那些技术能力较弱的人群，包括大部分的老年人。

对于老年人来说，他们的技术基础往往较弱，他们很难理解和掌握那些被认为是"基本"的技术知识和技能。例如，老年人通常不了解如何安装和使用一个应用，也不完全知晓如何在互联网上进行搜索和浏览。因此，当他们面对新技术时，势必会感到困惑和无助，也会遇到各种各样的困难和挑战。这种技术权威的规则在实际操作中，对于老年人的数字接入构成了一种障碍，使他们在接触和使用新技术的过程中遭遇了极大的困扰。

（三）技术权威的规则往往是从年轻用户需求出发，忽视了老年人的特殊需求

在技术权威的规则方面，往往是从以年轻人为主的用户需求出发，而对老年人的特殊需求不够重视。在许多新技术产品的设计中，设计者往往从年轻人的角度出发，以满足他们的需求和偏好。例如，软件设计人员通常会设计出一款界面炫酷、功能强大的智能手机，或者一款拥有丰富资源、操作便捷的电子阅读器。然而，这些设计往往忽视了老年人的特殊需求。

由于生理和心理的原因，老年人在使用新技术时，他们的需求和偏好与年轻人有很大的不同。例如，他们往往更喜欢那些操作简单、界面清晰的产品，希望产品能够提供一些针对他们的特殊功能，如放大字体、语音读取等。然而，这些需求往往被技术权威所忽视，其产品往往没有考虑到老年人的这些需求，从而使得老年人在使用这些新技术产品时，面临较大的困难。

（四）老年人群体对于新兴技术的接受度和信任度也相对较低

老年人群体对于新兴技术的接受度和信任度不仅源于他们对新技术的陌生和不了解，更重要的是，与他们的价值观和生活习惯有关。许多老年人更倾向于信任那些自己所熟悉和习惯的事物，而对新兴技术抱有一种固有的疑虑和担

忧，这使得他们在面临新技术时，往往会选择保守和抗拒。

另外，由于老年人的生活习惯和社交方式与年轻人有很大的差异，因此他们对新技术的需求和接受程度也有所不同。例如，老年人之间更喜欢面对面的交流，而不是通过互联网进行社交；也普遍喜欢看纸质书籍，而不是电子书籍。这些差异使得老年人群在面对新技术时，往往会感到陌生和不适应。

三、个体因素造成老年群体使用障碍

个体因素造成老年群体智能技术使用障碍的现象可以从多个方面去理解和解析。老年人群体的生理特点、认知能力、心理状态以及技术接触和使用经验等都是影响他们接纳和使用智能技术的重要因素。

（一）生理特点是造成老年人使用智能技术难度的一个重要原因

随着年龄的增长，人体的生理功能会发生一定的退化，包括视力、听力、手部灵活性等，这些生理变化都会直接影响老年人使用智能技术的能力[1]。视力减退通常是制约老年人接受智能设备的主要原因之一，小字体、低对比度的界面设计会导致其无法清楚地看到屏幕上的内容。同样，听力的减退也会使其在使用语音识别或者语音反馈的功能时遇到困难。手部灵活性的减退，尤其是关节炎等疾病的影响，会使他们在操作智能设备时感到困难，如精细的触屏操作、长时间的打字等。这些生理上的限制，使得老年人在使用智能技术时，需要付出比年轻人更多的时间和精力。

（二）认知能力的下降阻碍老年人接纳和使用智能技术

随着年龄的增长，人的记忆力、注意力、思维速度等认知能力会有所下降，这些认知变化都会影响老年人理解和掌握新技术的能力[2]。记忆力的减退会使他们在学习新的操作步骤或者使用新的功能时感到困难，需要反复学习和实践才能掌握。注意力的减退同样会使老年人在处理复杂的信息或者进行多任务处理时感到困难，如同时处理来自多个应用的信息、同时操作多个功能等。

① 陈维琳，金绍荣.大力开发乡村老年人力资源以填补银色数字鸿沟 [J].重庆行政，2023，24（3）：18-23.

② 朱亚梅，姚旭，李梦雪.基于社会网络理论弥合银色数字鸿沟策略研究 [J].管理科学与研究（中英文版），2022，11（5）：248-252.

思维速度的减退也会使老年人在应对快速变化的技术环境时感到压力，无法迅速适应和应对新的技术变化。这些认知上的限制，使得老年人在使用智能技术时，需要付出比年轻人更多的时间和精力。

（三）心理状态影响老年人使用新技术的意愿和能力

在心理学中，有一个"技术恐惧症"的概念，即个体对新技术产生的恐惧和抵触感。许多老年人在面对新技术时，会有类似的心理反应，他们会担心自己无法掌握新技术，或者对新技术的使用产生困扰和困惑[①]。这种恐惧和不安会阻碍他们接触和尝试新的技术。此外，老年人对自身能力的低估也会影响他们使用智能技术的意愿。很多老年人认为自己"不适合"使用新的技术，或者认为新的技术"太复杂""太难"等，这种消极的自我评价会降低他们接触和尝试新技术的动机。另外，老年人的固定思维也会阻碍他们接纳新技术。一些老年人对新事物持有保守的态度，他们更愿意坚持自己熟悉和习惯的方式，而不愿意尝试和接纳新的事物。这种思维定式会使他们在面对新技术时，表现出抗拒和排斥。

（四）技术接触和使用经验影响老年人使用智能技术的能力

对于许多老年人来说，他们在年轻时并没有接触过电子设备和网络技术，因此他们缺乏使用这些技术的经验和习惯。这种情况导致他们面对智能设备和网络服务时，会产生一种"新手"的困扰，他们需要花费更多的时间和精力去学习和适应这些新的工具和服务。此外，老年人的学习方式和节奏也会影响他们掌握新技术的效率。相比年轻人，老年人在学习新的知识和技能时，通常需要更慢的节奏和更多的实践，他们更倾向于通过"一步一步来""慢慢试"等方式来学习和掌握新的技术。然而，这种学习方式和节奏往往与快速变化的技术环境形成对比，使得他们在追赶新技术的步伐时，面临更大的挑战。

四、媒介素养缺失危害老年群体数字安全

随着信息时代的来临，数字技术为人们的生活带来了前所未有的便利，但同时也带来了新的挑战。对于老年群体来说，他们的媒介素养通常较为匮乏，

---

① 李梦楠. 数字时代银色数字鸿沟之痛及弥合路径［J］. 文化产业，2022（17）：25—27.

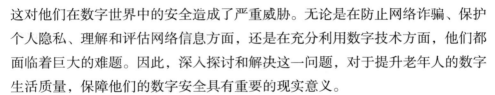

这对他们在数字世界中的安全造成了严重威胁。无论是在防止网络诈骗、保护个人隐私、理解和评估网络信息方面，还是在充分利用数字技术方面，他们都面临着巨大的难题。因此，深入探讨和解决这一问题，对于提升老年人的数字生活质量，保障他们的数字安全具有重要的现实意义。

（一）缺乏媒介素养的老年人更容易成为网络诈骗的目标

在网络世界中，诈骗活动层出不穷，形式各异，它们旨在通过欺诈手段获取人们的财产。老年人由于缺乏对网络环境的理解和把握，往往容易被各种看似合理的诈骗手段所蒙蔽。例如，假冒亲友、假冒银行、假冒政府部门等各种诈骗方式，老年人由于无法辨识其真伪，往往会掉入陷阱，造成财产损失。此外，老年人在使用网络支付、网络购物等功能时，也容易被引导到虚假的网站或者页面，泄露自己的银行卡信息、身份信息等，进而被诈骗分子利用。这些都是由于他们缺乏媒介素养，无法正确识别网络环境中的风险和威胁，进而成为诈骗的受害者。

（二）老年人在使用数字技术时无法有效地保护自己的隐私和个人信息

随着互联网和智能技术的发展，个人信息安全问题日益突出。老年人由于缺乏对个人信息保护的意识和技能，往往在使用数字技术时，无法有效地保护自己的隐私和个人信息。例如，他们在注册网络服务、使用网络应用时，不加审查地提供自己的个人信息，或者在不安全的网络环境中进行敏感信息的传输，这些状况都会伴有导致其个人信息被泄露的风险，进而被不法分子利用。

（三）老年人无法正确理解和评估网络上的信息

在数字化的社会中，各种各样的信息充斥着人们的生活，人们需要有足够的媒介素养才能正确理解和评估这些信息。然而，老年人由于缺乏媒介素养，往往无法准确地理解和判断网络上的信息。例如，老年人普遍无法辨识网络上的虚假信息、误导性信息、恶意信息等，在浏览这些信息时不免会被这些信息所误导，产生错误的认知和行为。同时，由于老年人通常无法理解网络上的复杂信息，如政策变化、科学研究、技术新闻等，所以极易导致其因理解错误而产生误解或者恐慌。另外，老年人往往也无法正确评估网络上的信息来源，他们通常会对网络上的任何信息都持有相信的态度，或者对网络上的任何信息都持有怀疑的态度，这都会影响他们正确理解和利用网络信息。

（四）媒介素养的缺失阻碍老年人充分利用数字技术

在当前的社会中，数字技术已经深入到了人们生活的各个方面，包括购物、支付、交通、医疗、娱乐等，这些无疑为人们的生活带来了许多便利。然而，老年人由于缺乏媒介素养，往往无法充分理解和掌握这些技术，无法充分利用这些技术带来的便利。例如，他们往往无法理解和使用电子支付、网络购物、在线预约、数字娱乐等功能，从而使他们在生活中遇到了不必要的困扰和麻烦。此外，老年人也会由于缺乏媒介素养，无法理解和使用智能家居、远程医疗、在线学习等新的技术和服务，从而使他们在享受数字生活的同时，也错过了许多新的机会和体验。

第二章　银色数字鸿沟之痛的表现

社区老年人面临着银色数字鸿沟之痛，不仅体现在"互联网＋医疗"模式的普遍困扰上，还涉及"掌上出行"和"云支付"等方面。首先，"互联网＋医疗"模式让社区老年人感到困扰。他们普遍不熟悉在线预约挂号、远程问诊等操作，因而无法充分享受到互联网医疗带来的便利。其次，"掌上出行"限制了社区老年人的行动自由。手机 App 叫车、导航等功能对于缺乏数字技能的老年人来说也是一种挑战，他们无法真正实现轻松出行，限制了自己的日常活动。最后，"云支付"让社区老年人望而却步。缺乏数字技能和信息安全意识使他们对使用新支付技术感到不安，担心个人信息被泄露和滥用。这些问题的出现，形成银色数字鸿沟，从而阻碍了社区老年人充分参与到数字化时代的便利和发展中。

第一节　"互联网＋医疗"模式成为社区老年人的普遍困扰

银色数字鸿沟之痛的表现在现代社会中体现得尤其明显，特别是在"互联网＋医疗"的模式下。对于老年人而言，尽管这种模式为他们带来了便利，但他们在应用和理解这些新技术时往往会遇到困难，从而导致他们在数字社会中产生排斥感和挫败感。

一、"互联网＋医疗"模式的概述

"互联网＋医疗"模式是当前医疗健康领域的一种新兴模式，它将互联网技术与医疗健康服务相结合，以实现医疗服务的数字化、网络化和智能化。这种模式的出现，标志着人们进入了一个全新的医疗服务时代。

在"互联网＋医疗"模式中，互联网技术被广泛应用于医疗服务的各个环节。例如，人们可以通过在线预约挂号系统，提前预约医生，避免了在医院排队的痛苦；人们可以通过电子病历系统，查看和管理自己的健康信息，更好地了解自己的健康状况；人们还可以通过远程诊疗服务，享受到专业医生的远程诊断和治疗，无须离家就可以获得优质的医疗服务。

"互联网＋医疗"模式还提供了一种新的健康咨询方式，即在线健康咨询服务。人们可以在任何时间、任何地点，通过智能设备向医生提问，获取专业的健康咨询和建议。这种方式不仅可以节省人们的时间和精力，还可以让人们更方便地获取到健康信息，从而更好地关注和管理自己的健康。

"互联网＋医疗"模式还对医疗服务的提供方式进行了改革。在传统的医疗服务模式中，医生通常在医院中提供服务，而病人需要到医院中寻求服务。但在"互联网＋医疗"模式中，医生可以通过互联网在任何地点提供服务，而病人也可以在任何地点接受服务。这种模式的出现，打破了地理位置的限制，使得医疗服务变得更加便捷和易于获取。

总而言之，"互联网＋医疗"模式为人们的医疗服务带来了许多便利。它不仅提高了医疗服务的效率，也使得医疗服务变得更加便捷和易于获取。然而，这种模式的发展和普及，也给人们带来了一些新的挑战。例如，如何保护病人的隐私信息，如何确保远程诊疗的质量，如何解决老年人使用数字化医疗服务等。

二、老年人智能终端使用状况调查

（一）问卷设计与调查过程

为了解老年人在日常生活中使用智能终端情况开展本次调查。本次调查于2023年4~8月在福建省漳州市完成。漳州市位于福建省东南部，东邻厦门、南与广东交界，东与台湾隔海相望。截至2022年末，漳州市常住人口506.8万人，其中60岁及以上老年人口96.6万人，占总人口的19.06%；65岁及以上老年人口67.3万人，占总人口的13.28%。本次调查采用了滚雪球抽样的方式，在漳州市芗城区东铺头街道、石亭街道和漳州市龙文区碧湖街道、蓝田街道开展。首先由调查员在社区中走访60周岁以上的老年人，先咨询是否会使用智能手机，然后请其填答相关问卷。会填的老年人采用自填式，不会填的老年人采用代填式。再请求已填问卷的老年人介绍能使用智能手机的老年人填写问卷。本次调查共发放问卷 310 份，回收 306 份。有效问卷 306 份。回收率98.7%。问卷回收后录入 SPSS23.0 进行统计分析。

本次调查问卷主要围绕"个人基本情况""智能终端的使用情况"和"智能终端使用对老年人的影响"三个方面展开。"个人基本情况"主要包含了性别、年龄、文化程度、月收入和健康状况等。"智能终端的使用状况"主要包含了老年人拥有智能终端的种类、最常用的智能终端设备、使用智能终端设备的时长、智能终端设备上的 App 数量和种类、使用智能终端设备的目的等问题。"智能终端使用对老年人的影响"主要了解老年人智能终端设备是否对其产生影响，以及在老年人生活和教育方面产生了什么影响等问题。

（二）老年人智能终端使用现状调查分析

1. 调查样本特征分析

本次调查 306 份有效问卷中，调查样本的个人基本特征分析如表 2-1 至表 2-5 所示。

表 2-1　调查样本的性别情况　　　　　单位：%

性别	频数	百分比	有效百分比	累计百分比
男	137	44.8	44.8	44.8
女	169	55.2	55.2	100.0
总计	306	100.0	100.0	

表 2-2　调查样本的年龄分组情况　　　　　单位：%

年龄分组		频数	百分比	有效百分比	累计百分比
有效	60~65 岁	154	50.3	50.5	50.5
	66~70 岁	82	26.8	26.9	77.4
	71~75 岁	48	15.7	15.7	93.1
	76~80 岁	13	4.2	4.3	97.4
	80 岁以上	8	2.6	2.6	100.0

续表

年龄分组		频数	百分比	有效百分比	累计百分比
有效	总计	305	99.7	100.0	
缺失	系统	1	0.3		
总计		306	100.0		

表 2-3　调查样本的文化程度情况　　　　　单位：%

		频率	百分比	有效百分比	累计百分比
有效	小学及以下	125	40.8	41.7	41.7
	初中	97	31.7	32.3	74.0
	高中或中职或中专	52	17.0	17.3	91.3
	大学专科	17	5.6	5.7	97.0
	大学本科及以上	9	2.9	3.0	100.0
	总计	300	98.0	100.0	
缺失	系统	6	2.0		
总计		306	100.0		

表 2-4　调查样本的月收入情况

	频数	范围（元）	最小值（元）	最大值（元）	平均值（元）	标准差
月收入		12900	100	13000	2974.44	1992.2
有效	239					
缺失	67					
总计	306					

表 2-5　调查样本的健康状况　　　　　单位：%

		频率	百分比	有效百分比	累计百分比
有效	非常健康	144	47.1	47.1	47.1
	健康，偶有小病	143	46.7	46.7	93.8
	不健康，但能自理	16	5.2	5.2	99
	半自理	2	0.7	0.7	99.7
	完全不能自理	1	0.3	0.3	100.0
	总计	306	100.0	100.0	

从上面的数据可以看出，在调查样本中，男性和女性的比例为44.8：55.2，女性略多于男性。在年龄分段上，60~65岁的老年人最多，占比为50.5%，66~70岁的老年人占比为26.9%，70岁以上老年人的占比为22.6%。在文化程度上，小学及以下比例最高，占比为41.7%，初中占比为32.3%，高中及以上占比为26.0%。调查样本的月收入均值为2974.44元，最低100元，最高13000元，月收入极差较大。在健康状况上，"非常健康"和"健康，偶有小病"的老年人占到了93.8%，其他情况占比为6.2%。

2. 老年人智能终端使用状况分析

如表2-6所示，在对老年人最常用的智能终端设备调查上，298位老年人选择了"智能手机"，占比为97.7%；4位老年人选择了"平板电脑"；1位老年人选择了"手提电脑或台式电脑"；2位老年人选择了"佩戴装置"。

表2-6　老年人最常用的智能终端设备　　单位：%

		频率	百分比	有效百分比	累计百分比
有效	智能手机	298	97.4	97.7	97.7
	平板电脑	4	1.3	1.3	99.0
	手提电脑或台式电脑	1	0.3	0.3	99.3
	佩戴装置	2	0.7	0.7	100
	总计	305	99.7	100	
缺失	系统	1	0.3		
总计		306	100		

如表2-7所示，在老年人每天使用智能终端设备时长上，32.4%的老年人使用时长在1~2小时，20.6%的老年人使用时长在2~4小时，11.8%的老年人使用时长在4小时以上。可以看出，受访的这些老年人65%以上使用智能终端设备的时长在1小时以上。这也说明了数字社会中智能终端尤其是智能手机作为一个主要的媒介已经和老年人的生活紧密相连。

表2-7　老年人每天使用智能终端设备的时长　　单位：%

		频率	百分比	有效百分比	累计百分比
有效	有，但从不用	12	3.9	3.9	3.9

续表

		频率	百分比	有效百分比	累计百分比
有效	0~1 小时	55	18.0	18.0	21.9
	1~2 小时	99	32.4	32.4	54.3
	2~4 小时	63	20.6	20.6	74.9
	4 小时以上	36	11.8	11.8	86.7
	不确定	40	13.1	13.1	99.8
	总计	305	99.8	99.8	

如表 2-8 和表 2-9 所示，老年人智能终端设备上常用的 App 主要有聊天类、购物类、生活类以及娱乐类等。从这些 App 的类型也可以看出，老年人使用智能终端设备的主要目的也在于休闲、沟通交流、购物等。

表 2-8　老年人智能终端设备上的 App 类型

		频率	百分比（%）
有效	微信或 QQ 等聊天类 App	269	87.9
	淘宝、天猫、京东、拼多多、美团等购物类 App	91	29.7
	学习强国或其他学习类 App	32	10.5
	KEEP 等运动类 App	7	2.3
	爱奇艺等影音类 App	37	12.1
	抖音、小红书等娱乐兼购物类 App	180	58.8
	天气或滴滴出行等生活类 App	59	19.3
	养生保健类 App	34	11.1
	游戏类 App	1	0.3
	其他	6	2.0
总计		306	

表 2-9　老年人使用智能终端设备的目的

		频率	百分比（%）
有效	休闲娱乐、看电视短视频等	225	73.5
	学习，了解国家大事	64	20.9
	获取信息，查阅资料	63	20.6

续表

		频率	百分比（%）
有效	交流联络	198	64.7
	网上购物	67	21.9
	运动、锻炼、养生等	56	18.3
	出行方便	70	22.9
	总计	306	

三、老年人群对"互联网 + 医疗"模式的困扰

结合以上调研数据不难发现，对于社区老年人而言，"互联网 + 医疗"模式的应用却并非如此简单。他们在使用这些新兴的数字服务时，经常会遇到各种各样的难题，如理解和操作上的困难，以及隐私和安全上的担忧。

（一）老年人在理解和操作新的数字化医疗服务时的困扰

当今社会，老年人是一个不可忽视的群体。随着年龄的增长，他们的需求和挑战也会有所不同，特别是在现代社会中，数字化和互联网已经渗透到生活的方方面面，包括医疗服务。然而，对于广大老年人来说，这些新的技术和服务通常并不被他们所熟悉，反而成为他们感到困惑和挫折的源头。因此，理解老年人在接触和使用新的数字化医疗服务时遇到的困扰，是数字化医疗服务不断发展的重要任务之一。

1. 老年人对于互联网和数字化技术的理解是一个挑战

对于老年人来说，互联网和数字化技术是一个相对新颖的概念，在其年轻时并没有机会接触这些技术，所以当面对如何使用这些技术，如何通过这些技术获取医疗服务时，他们会感到困惑。例如，他们可能不明白如何在线预约挂号，如何查看电子病历，如何通过远程诊疗服务进行医疗咨询等，这些都是老年人在理解和使用新的数字化医疗服务时经常遇到的困扰。这些困扰不仅影响老年人获取医疗服务的效率和质量，也影响其对数字化医疗服务的态度和信心。老年人难免会出现一定的抵触情绪，甚至会完全放弃使用这些服务。因此，学者们需要对这些困扰进行深入的理解和研究，以便向老年人提供更加易用的服务，帮助老年人克服这些困扰。

2. 老年人操作新的数字化医疗服务是一个难题

老年人在操作新的数字化医疗服务时,其困难程度远超自己的想象。由于老年人更习惯传统的医疗服务模式,而新的数字化医疗服务,无论是界面设计、操作流程,还是服务模式,都会存在一定的差异,所以他们需要花费更多的时间和精力去学习和适应这些新的模式和操作。

许多老年人由于不熟悉如何操作智能设备,如何使用医疗 App 等,所以他们还需要花费大量的时间去理解和适应。甚至即使他们已经掌握了智能设备的基本操作,对于如何在设备上下载和安装医疗 App,如何在 App 中进行操作,也是一个新的挑战。因为他们会在这些操作中遇到各种困难,如不知道如何在应用商店中搜索和下载医疗 App,不知道如何在 App 中注册和登录,不知道如何在 App 中找到自己需要的服务等。所以这些操作上的困扰也会引发老年人对新的数字化医疗服务的抵触情绪,最为明显的体现在于:他们会普遍觉得这些新的服务复杂难懂,难以操作,甚至会觉得自己无法适应这种新的服务模式。这种抵触情绪无疑会导致他们在试图使用新的医疗服务时产生压力和挫败感,甚至会导致他们放弃使用新的服务,回归到他们熟悉的传统医疗服务。

(二)老年人对数字化医疗服务的隐私和安全感到担忧

在互联网和数字化技术广泛应用的今天,隐私和安全问题已经成为不能忽视的问题。这些问题不仅关系到人们的个人信息和财产安全,也关系到人们的生活和工作。对于老年人来说,他们势必会对数字化医疗服务的隐私和安全感到担忧。

1. 老年人担心健康信息在网络上被泄露

在数字化医疗服务中,病人的健康信息需要被存储在互联网上,这无疑为信息安全带来了挑战。尽管医疗机构会采取各种措施来保护病人的信息,但是网络攻击、数据泄露等事件的频繁发生,仍然会让老年人对此感到担忧。他们可能会担心病历信息、检查结果、治疗方案等私密健康信息被非法获取或滥用。这种担忧会让他们在使用数字化医疗服务中产生一定的犹豫和顾虑。

2. 老年人对数字化医疗服务的安全性有所怀疑

老年人对数字化医疗服务的安全性怀疑主要体现在他们会担心医疗 App

是否安全、是否会携带病毒、是否会泄露他们的个人信息等，尽管当前医疗App 的开发者会采取各种措施来保证 App 的安全性，但由于恶意软件、网络钓鱼等网络犯罪活动的存在，仍然会让老年人对此感到担忧。他们担心在下载和安装医疗 App 的过程中，自己的设备被病毒感染，或者自己的个人信息被非法获取。这些担忧不仅影响了老年人对数字化医疗服务的接受程度，也影响到自己的使用体验，他们会因担心自己信息安全而选择不使用或者减少使用数字化医疗服务，这势必影响老年人获取医疗服务的效率和质量。

（三）老年人因为社会环境因素而难以接受数字化医疗服务

在新型的"互联网＋医疗"模式下，老年人面临的挑战并不仅仅是技术层面的，社会环境因素也是不容忽视的一大影响因素。社会环境因素在不同的地理、经济、文化环境下表现出不同的特点和影响，对老年人接受和使用数字化医疗服务产生着深远的影响。

1. 老年人缺乏学习和使用新技术的机会和环境

在一些地区，尤其是农村地区，互联网和智能设备的普及率较低，这使得老年人在物理条件上就面临着无法接触到这些新的技术和服务的问题。这种情况并不仅仅出现在农村地区，即使在一些城市地区，由于经济条件的限制，一部分老年人没有智能设备，无法连接互联网，这使他们无法接触和使用数字化医疗服务。此外，教育条件的限制也是不容忽视的问题。由于受教育程度的限制，一部分老年人无法理解和掌握使用新技术的基本知识和技巧，这使他们在使用过程中会遇到困难，甚至完全无法使用。

2. 老年人缺乏使用新技术的社会支持

在一些地区，老年人会因为使用新技术而遭到家人或社区的反对。例如，一些家人可能会认为老年人应该过上安逸的生活，不应该被复杂的新技术所困扰。另外，也不排除一些社区对老年人使用新技术持有质疑态度，认为这是年轻人的事情，老年人没有必要去学。这种情况对老年人产生一定的负面影响，使其在面对新技术时产生抵触心理，阻碍他们接受和使用数字化医疗服务。

这些社会环境因素的影响，使老年人在接受和使用数字化医疗服务时面临着更为复杂的问题。他们既要面对新技术带来的挑战，又要面对社会环境带来的压力，从而使他们在接受和使用新型医疗服务时感到困扰。

（四）老年人面临物理和认知能力的挑战

在"互联网＋医疗"模式下，老年人群体所面临的另一个重要挑战是他们的物理和认知能力的下降。随着年龄的增长，人的生理机能和认知能力都会出现不同程度的退化，对于老年人而言，在使用新的数字化医疗服务时难免产生一系列问题。

1. 老年人因生理方面的退化而难以使用智能设备和医疗 App

随着年龄的增长，老年人的视力势必会出现不同程度的下降，这使得他们在阅读智能设备上的小字体或者复杂的用户界面时感到困难。同时，由于听力的下降，他们无法清楚地听到设备上的声音提示，这将会导致其在使用过程中错过重要的信息或指示。还有许多老年人因为关节炎或者其他手部疾病，出现在手部操作能力上的问题，这也会导致其在使用触屏设备或者进行复杂的操作时感到困难。

2. 老年人因理解力和记忆力的下滑而难以理解和记住如何使用这些服务

对于许多老年人来说，新的技术和服务需要自身学习大量的新知识和技能。然而，随着年龄的增长，他们的记忆力会下降，从而无法记住复杂的操作步骤或重要的信息。同时，随着年龄的增长，老年人的理解能力也会随之下降，这也会导致他们在理解新的技术和服务时感到困难。例如，他们在理解复杂的用户协议时感到吃力，无法理解新的医疗服务的工作流程等。

这些挑战显然会增加老年人使用新的数字化医疗服务的困难，甚至会让其放弃使用这些服务。因此，对于推动"互联网＋医疗"模式的发展，有关工作人员需要对老年人群体的特殊需求给予足够的关注，尽可能地减少他们在使用过程中的困难和困惑。

（五）老年人因对新技术的恐惧和抵触而不愿意接受和使用这些数字化医疗服务

老年人对新技术的接受度和态度是一个重要的社会问题，这在新的数字化医疗服务领域尤为突出。对于一些老年人来说，他们会因为对新技术的恐惧和抵触，而不愿意接受和使用新的数字化医疗服务，这一状况的产生通常源于老年人的心理因素、社会环境、生理状况等多方面因素。

1. 心理层面

许多老年人会因为对新事物的未知而感到恐惧，这种恐惧将导致他们对新的数字化医疗服务产生抵触情绪。例如，他们会担心自己无法正确使用医疗 App，或者担心自己无法理解 App 中的指示和信息。另外，他们担心自己使用新的技术而受到他人异样的眼光，甚至是遭到排斥。在一些社区，使用新技术会被视为一种"不合时宜"的行为，老年人会因此感到压力和困扰。

2. 社会环境层面

就当前而言，在一些经济欠发达地区，尤其是在农村地区，由于老年人很少接触到互联网和智能设备，对这些新的技术和服务知之甚少，所以难免会对这些服务存在误解和偏见。这也充分说明了老年人也会因为受到社会环境因素的影响（如缺乏互联网接入或者智能设备），而无法使用这些服务。

3. 生理层面

生理状况也是影响老年人对新的数字化医疗服务接受度的主要原因之一，如前文所述，随着年龄的增长，老年人的视力、听力和手部操作能力会随之下降，这也会使其在使用智能设备和医疗 App 时感到困难。此外，由于他们的记忆力和理解能力也会大不如前，所以也会使其在理解和记忆新的服务时感到困难。这些因素显然会阻碍老年人接受和使用新的数字化医疗服务，甚至会导致他们错过这些服务带来的便利和好处。

第二节　"掌上出行"普遍限制了社区老年人的"行动自由"

据第 52 次《中国互联网络发展状况统计报告》有关数据显示，截至 2023 年 6 月，我国在线旅行预订用户规模达 4.54 亿人，较 2022 年 12 月增长 3091 万人，占网民整体的 42.1%。可见，"掌上出行"成为不可或缺的手机小程序，手机 App 预订出租车、购买火车或飞机票、查询公交或地铁路线等，为人们日常出行带来了诸多便利。但在该数据中，老年人所占比重较低，这无疑是银色数字鸿沟之痛在当代社会的具体表现之一。

一、老年人智能终端使用的影响分析

数字信息技术通过智能终端设备（主要是智能手机）为老年人搭建了一个便捷的平台，老年人可以通过智能手机不受时间和空间的限制，更方便、更快捷地获取资讯、购物和社会交往等。尤其是微信、QQ 等社交工具的广泛使用，使得老年人的社交圈子变大、与他人的互动频率增强。有学者研究指出了微信使用可以提升老年人领悟社会支持和生命意义感，从而增强他们的获得感，实现社会发展成果的共享。也有学者指出，老年人由于过长时间使用网络，给其身心健康和日常生活带来负面影响。在本次调查中，76.1% 的老年人认为使用以智能手机为代表的终端设备后对自己的生活有影响（见表 2-10）。在具体的影响方面，本次调查包含知识面扩大、朋友圈扩大、生活便捷、身体健康、心情愉悦、消费观念和消费形式的变化等方面。老年人对这些影响的回答情况如表 2-11 所示。从表 2-11 中的数据可以看出，老年人认为在知识面扩大、朋友圈扩大、生活便捷和心情愉悦方面影响比较明显。

表 2-10　使用智能终端设备后对老年人生活的影响　　　　　　单位：%

		频率	百分比	有效百分比	累计百分比
有效	有影响	233	76.1	76.1	76.1
	没有影响	73	23.9	23.9	100
	总计	306	100	100	

表 2-11　使用智能终端设备后的具体影响情况

影响情况 影响方面	非常不符合	比较不符合	一般符合	比较符合	非常符合	总计
知识面扩大了	3（1.4）	8（3.7）	60（27.4）	92（42.0）	56（25.6）	219（100）
朋友圈扩大了	8（3.6）	16（7.2）	59（26.7）	89（40.3）	49（22.2）	221（100）
生活便捷了	3（1.4）	6（2.7）	42（19.2）	95（43.4）	73（33.3）	219（100）
身体健康了	10（5.1）	23（11.6）	83（41.9）	49（24.7）	33（16.7）	198（100）
心情愉悦了	6（2.8）	1（0.5）	50（23.6）	96（45.3）	59（27.8）	212（100）
消费观念变化了	8（3.8）	24（11.5）	63（30.3）	65（31.3）	48（23.1）	208（100）
消费形式变化了	8（3.9）	27（17.2）	48（23.6）	72（35.5）	47（23.2）	202（100）

注：括号内为有效百分比。

二、老年人使用智能终端设备影响的差异性分析

不同的老年人对使用智能终端设备后的影响判断不一。为了解不同老年人对智能终端设备使用影响的差异性，本章进行了更深入的分析，具体如表2-12所示。从表2-12中可以看出，老年人对使用智能终端设备后的影响情况和性别、年龄、月收入、健康状况没有关系，但和文化程度有关系。进一步进行以文化程度为自变量、以智能终端设备影响的判断为因变量的回归分析，发现文化程度越低，智能终端设备使用对老年人的影响越明显（见表2-13）。

表 2-12　人口学变量与智能终端设备影响判断的卡方分析

人口学变量		有影响	没有影响	x^2	P
性别	男	103（75.2）	34（24.8）	0.126	0.788
	女	130（76.9）	39（23.1）		
年龄	60~65 岁	118（76.6）	36（23.4）	3.14	0.535
	66~70 岁	66（80.5）	16（19.5）		
	71~75 岁	34（70.8）	14（29.2）		
	76~80 岁	8（61.5）	5（38.5）		
	80 岁以上	6（75.0）	2（25.0）		
文化程度	小学及以下	82（65.6）	43（34.4）	12.371	0.015*
	初中	81（83.5）	16（16.5）		
	高中或中职或中专	43（82.7）	9（17.3）		
	大学专科	13（76.5）	4（23.5）		
	大学本科及以上	88（88.9）	11（11.1）		
月收入	低收入	35（72.9）	13（27.1）	2.089	0.352
	中等收入	71（77.2）	21（22.8）		
	高等收入	82（82.8）	17（17.2）		
健康状况	非常健康	109（75.7）	35（24.3）	4.488	0.344
	健康，偶有小病	111（77.6）	32（22.4）		
	不健康，但能自理	11（68.8）	5（31.3）		

注：* 表示差异显著，括号内为有效百分比，下同。

表2-13　文化程度与智能终端设备影响判断的回归分析系数

模型		未标准化系数		标准化系数	t	显著性
		B	标准误差	Beta		
1	（常量）	1.364	0.052		26.051	0.000
	文化程度	–0.062	0.024	–0.150	–2.615	0.009

在具体影响方面，本章以"非常不符合""比较不符合"作为"没有影响"，以"一般符合""比较符合"和"非常符合"作为"有影响"的判断，再次对老年人在知识面是否扩大、朋友圈是否扩大、生活是否便捷、身体是否健康、身心是否愉悦、消费观念是否变化和消费形式是否变化进行差异性分析，以了解智能手机使用后对不同老年人的影响。

由表2-14可知，在对知识面扩大影响的人口学变量上，年龄和月收入的影响差异显著。

表2-14　人口学变量与智能终端设备对知识面扩大影响判断的卡方分析

人口学变量		对知识面扩大没有影响	对知识面扩大有影响	x^2	P
性别	男	3（3.1）	94（96.9）	1.36	0.244
	女	8（6.6）	114（93.4）		
年龄	60~65岁	3（2.6）	111（97.4）	13.607	0.009*
	66~70岁	1（1.7）	58（98.3）		
	71~75岁	5（16.7）	25（83.3）		
	76~80岁	1（11.1）	8（88.9）		
	80岁以上	1（16.7）	5（83.3）		
文化程度	小学及以下	5（6.8）	69（93.2）	2.354	0.671
	初中	5（6.4）	73（93.6）		
	高中或中职或中专	1（2.5）	39（97.5）		
	大学专科	0（0）	13（100）		
	大学本科及以上	0（0）	8（100）		
月收入	低收入	5（15.2）	28（84.8）	12.516	0.002*
	中等收入	3（4.5）	64（95.5）		
	高等收入	0（0）	79（100.0）		

续表

人口学变量		对知识面扩大没有影响	对知识面扩大有影响	x^2	P
健康状况	非常健康	4（3.8）	101（96.2）	4.421	0.219
	健康，偶有小病	5（5.0）	95（95.0）		
	不健康，但能自理	2（18.2）	9（82.8）		
	半自理	0（0.0）	2（100.0）		

由表2-15可知，在对朋友圈扩大影响的人口学变量上，月收入的影响差异显著。

表2-15　人口学变量与智能终端设备对朋友圈扩大影响判断的卡方分析

人口学变量		对朋友圈扩大没有影响	对朋友圈扩大有影响	x^2	P
性别	男	3（3.0）	96（97.0）	0.534	0.465
	女	6（5.0）	114（95.0）		
年龄	60~65岁	10（8.8）	104（91.2）	9.426	0.051
	66~70岁	5（8.2）	56（91.8）		
	71~75岁	5（22.6）	56（77.4）		
	76~80岁	0（0）	8（100.0）		
	80岁以上	2（33.3）	4（66.7）		
文化程度	小学及以下	4（5.4）	70（94.6）	3.766	0.439
	初中	5（6.3）	74（93.7）		
	高中或中职或中专	0（5.3）	39（100.0）		
	大学专科	0（7.7）	13（100.0）		
	大学本科及以上	0（0）	8（100.0）		
月收入	低收入	7（21.2）	26（78.8）	9.010	0.011*
	中等收入	4（5.9）	64（94.1）		
	高等收入	4（4.9）	77（95.1）		
健康状况	非常健康	3（2.9）	101（97.1）	6.743	0.081
	健康，偶有小病	4（3.9）	98（96.1）		
	不健康，但能自理	0（0）	11（100.0）		
	半自理	2（100.0）	0（0）		

由表 2-16 可知，在对生活便捷性影响的人口学变量上，健康状况的影响差异显著。

表 2-16　人口学变量与智能终端设备对生活便捷性影响判断的卡方分析

人口学变量		对生活便捷性没有影响	对生活便捷性有影响	x^2	P
性别	男	8（8.4）	87（91.6）	1.024	0.312
	女	16（12.7）	110（87.3）		
年龄	60~65 岁	4（3.6）	108（96.4）	1.149	0.886
	66~70 岁	3（4.8）	59（95.2）		
	71~75 岁	2（6.5）	29（93.5）		
	76~80 岁	0（0）	7（100.0）		
	80 岁以上	0（0）	6（100.0）		
文化程度	小学及以下	13（16.9）	64（83.1）	5.123	0.275
	初中	8（10.1）	71（89.9）		
	高中或中职或中专	2（5.3）	36（94.7）		
	大学专科	1（7.7）	12（92.3）		
	大学本科及以上	0（0）	8（100）		
月收入	低收入	2（6.3）	30（93.8）	1.063	0.588
	中等收入	2（2.9）	67（97.1）		
	高等收入	2（2.5）	78（97.5）		
健康状况	非常健康	3（2.9）	101（97.1）	47.543	0.000*
	健康，偶有小病	4（3.9）	98（96.1）		
	不健康，但能自理	0（0）	11（100.0）		
	半自理	2（100.0）	0（0）		

由表 2-17 可知，在对身体健康是否有影响判断的人口学变量上，文化程度的影响差异显著。

表 2-17　人口学变量与智能终端设备对身体健康影响判断的卡方分析

人口学变量		对身体健康没有影响	对身体健康有影响	x^2	P
性别	男	12（12.9）	81（87.1）	1.788	0.181
	女	21（20.0）	84（80.0）		

续表

人口学变量		对身体健康没有影响	对身体健康有影响	x^2	P
年龄	60~65 岁	14（13.2）	92（86.8）	7.009	0.135
年龄	66~70 岁	8（4.8）	45（84.9）	7.009	0.135
	71~75 岁	9（34.6）	17（65.4）		
	76~80 岁	1（16.7）	5（83.3）		
	80 岁以上	1（16.7）	5（83.3）		
文化程度	小学及以下	19（27.1）	51（72.9）	11.748	0.019*
	初中	11（15.7）	59（84.3）		
	高中或中职或中专	0（0）	32（100.0）		
	大学专科	2（16.7）	10（83.3）		
	大学本科及以上	1（12.5）	7（87.5）		
月收入	低收入	8（26.7）	22（73.3）	4.592	0.101
	中等收入	11（18.3）	49（81.7）		
	高等收入	7（10.0）	63（90.0）		
健康状况	非常健康	15（15.5）	82（84.5）	3.437	0.329
	健康，偶有小病	16（17.4）	76（82.6）		
	不健康，但能自理	4（0）	7（100.0）		
	半自理	2（100.0）	0（0）		

由表 2-18 可知，在对心情愉悦是否有影响判断的人口学变量上，月收入和健康状况的影响差异显著。

表 2-18 人口学变量与智能终端设备对身心愉悦影响判断的卡方分析

人口学变量		对心情愉悦没有影响	对心情愉悦有影响	x^2	P
性别	男	2（2.1）	92（97.9）	0.729	0.393
	女	5（4.2）	113（95.8）		
年龄	60~65 岁	5（4.4）	108（95.6）	5.512	0.272
	66~70 岁	0（0）	55（100.0）		
	71~75 岁	1（3.3）	29（96.7）		
	76~80 岁	1（14.3）	6（85.7）		
	80 岁以上	0（0）	6（100.0）		

续表

人口学变量		对心情愉悦没有影响	对心情愉悦有影响	x^2	P
文化程度	小学及以下	4（5.2）	73（94.8）	2.691	0.611
	初中	3（3.9）	73（96.1）		
	高中或中职或中专	0（0）	35（100.0）		
	大学专科	0（0）	11（100.0）		
	大学本科及以上	0（0）	7（100.0）		
月收入	低收入	3（9.4）	29（90.6）	8.898	0.012*
	中等收入	0（0）	68（100.0）		
	高等收入	1（1.4）	71（98.6）		
健康状况	非常健康	1（1.0）	97（99.0）	16.798	0.001*
	健康，偶有小病	4（3.9）	98（96.1）		
	不健康，但能自理	1（10.0）	9（90.0）		
	半自理	1（50.0）	1（50.0）		

由表 2-19 可知，在对消费观念是否有影响判断的人口学变量上，年龄和文化程度的影响差异显著。

表 2-19　人口学变量与智能终端设备对消费观念影响判断的卡方分析

人口学变量		对消费观念没有影响	对消费观念有影响	x^2	P
性别	男	10（10.9）	82（89.1）	2.583	0.108
	女	22（19.0）	94（81.0）		
年龄	60~65 岁	12（11.1）	96（88.9）	26.319	0.000*
	66~70 岁	5（8.8）	52（91.2）		
	71~75 岁	7（24.1）	22（75.9）		
	76~80 岁	5（62.5）	3（37.5）		
	80 岁以上	3（60.0）	2（40.0）		
文化程度	小学及以下	20（28.2）	51（71.8）	14.348	0.006*
	初中	9（11.8）	67（88.2）		
	高中或中职或中专	3（8.3）	33（91.7）		
	大学专科	0（0）	12（100.0）		
	大学本科及以上	0（0）	8（100.0）		

续表

人口学变量		对消费观念没有影响	对消费观念有影响	x^2	P
月收入	低收入	8（25.8）	23（74.2）	5.243	0.073
	中等收入	8（12.7）	55（87.3）		
	高等收入	7（9.2）	69（90.8）		
健康状况	非常健康	15（14.9）	86（85.1）	4.279	0.233
	健康，偶有小病	13（13.8）	81（86.2）		
	不健康，但能自理	4（36.4）	7（63.6）		
	半自理	0（0.0）	2（100.0）		

由表 2-20 可知，在对消费形式是否有影响判断的人口学变量上，年龄和文化程度的影响差异显著。

表 2-20　人口学变量与智能终端设备对消费形式影响判断的卡方分析

人口学变量		对消费形式没有影响	对消费形式有影响	x^2	P
性别	男	13（14.6）	76（85.4）	0.822	0.365
	女	22（19.5）	91（80.5）		
年龄	60~65 岁	15（13.8）	94（86.2）	23.793	0.000*
	66~70 岁	4（8.0）	46（92.0）		
	71~75 岁	8（27.6）	21（72.4）		
	76~80 岁	5（62.5）	3（37.5）		
	80 岁以上	3（60.0）	2（40.0）		
文化程度	小学及以下	22（31.0）	49（69.0）	15.340	0.004*
	初中	10（13.7）	63（86.3）		
	高中或中职或中专	3（9.1）	30（90.9）		
	大学专科	0（0）	12（100.0）		
	大学本科及以上	0（0）	8（100.0）		
月收入	低收入	8（25.8）	23（74.2）	5.243	0.073
	中等收入	8（12.7）	55（87.3）		
	高等收入	7（9.2）	69（90.8）		
健康状况	非常健康	15（15.5）	82（84.5）	3.437	0.329
	健康，偶有小病	16（17.4）	76（82.6）		

续表

人口学变量		对消费形式没有影响	对消费形式有影响	x^2	P
健康状况	不健康，但能自理	0（0.0）	2（100.0）	3.437	0.329
	半自理	0（0.0）	2（100.0）		

三、老年人会因为技术不熟悉而感到束手无策

老年人对如何下载和使用出行应用感到困惑，甚至会因为不具备操作智能设备的能力而无法使用这些出行服务。这不仅限制了他们的出行选择，也使他们无法享受到新技术带来的便利。

（一）老年人因为不熟悉智能设备的操作而感到困惑

通过上述调研数据的分析结果不难发现，智能设备，如智能手机和平板电脑，具有相对复杂的操作界面和丰富的功能。对于许多老年人来说，他们通常缺乏与这些设备接触和使用的机会，也没有足够的知识和经验去理解和操作这些设备，甚至对如何开机、关机、安装应用、进行基本的触屏操作等都感到迷茫。例如，他们不知道如何打开和关闭设备、如何调整设备的设置、如何在设备上安装和删除应用，以及如何进行滑动、点击和长按等基本的触屏操作。这些基本的操作问题，对于熟悉智能设备的年轻人来说是轻而易举的，但对于许多老年人来说，却是一项重大的挑战。这种对智能设备的不熟悉，使他们在使用"掌上出行"服务时感到困难，限制了他们的出行选择。另外，即使老年人能够进行一些基本的操作，他们可能仍然对如何使用智能设备进行出行服务感到困惑。具体而言，他们可能不知道如何在设备上搜索和下载出行应用、如何在应用中注册和登录账号、如何在应用中设置个人信息和支付方式，以及如何在应用中预约车辆和查询路线等。这些操作对于他们来说显得十分复杂和混乱，使他们在使用"掌上出行"服务时感到困难和挫败。

（二）老年人对如何使用"掌上出行"应用感到困惑

在数字化和智能化的新时代，"掌上出行"应用以其便利性和高效性，正逐步成为人们出行的主要选择。然而，对于老年人来说，他们往往会因为对这些应用的使用感到困惑，而在享受这些服务的便利性和高效性的同时，也面临着严重的出行限制。

1. 老年人对"掌上出行"应用中的一系列操作步骤感到困惑

"掌上出行"应用通常需要用户进行注册、登录、设置、预约车辆、查询路线、支付费用等多个步骤。这些步骤对于年轻人来说是熟悉和简单的，但对于许多老年人来说，却是陌生和复杂的，往往不知道应该如何注册账号、如何登录账号、如何设置个人信息和支付方式，以及如何预约车辆和查询路线等。这些操作的困难，势必会导致老年人在使用"掌上出行"应用时感到挫败和无力，从而限制了他们的出行选择。

2. 老年人不理解应用的操作界面和提示而无法使用这些应用

许多"掌上出行"应用的操作界面设计和提示信息，往往假设用户已经具有一定的智能设备和互联网应用的使用经验。然而，对于许多老年人来说，普遍没有这样的经验，因此对于这些操作界面和提示会感到困惑和迷茫。他们可能不知道应该在哪里输入账号和密码、如何选择预约的车辆和路线，以及如何确认和支付订单等。这些界面和提示的困惑，可能会使他们无法有效地使用"掌上出行"应用，从而限制了他们的出行选择。

（三）老年人对新技术恐惧和疑虑而不愿意使用"掌上出行"服务

许多老年人会对新的技术感到恐惧和疑虑，他们会担心自己无法掌握这些技术，担心自己在使用这些技术时会出错，甚至担心自己会因为使用新的技术而受到别人的嘲笑或排斥。这种对新技术的恐惧和疑虑会使他们对"掌上出行"服务产生抵触情绪，甚至会选择放弃使用这些服务。

1. 在新技术的恐惧方面

在许多老年人的观念中，新技术可能会带来复杂的操作流程，会存在难以预见的风险，可能会需要大量的学习和实践。他们会担心自己无法掌握这些技术，担心自己在使用这些技术时会出错，担心自己无法跟上这些技术的更新和变化。这种对新技术的恐惧，使他们在面对"掌上出行"服务时，感到害怕，从而影响他们的出行选择。

2. 在新技术的疑虑方面

老年人普遍会质疑这些新技术的安全性，质疑这些新技术的可靠性，质疑这些新技术的必要性。他们会担心个人信息和财产安全，担心自己的出行计划和预约可能会因为技术问题而受到影响，担心自己的生活方式和习惯因为新技术的应用而被打乱。这种对新技术的疑虑，无疑会使他们在考虑使用"掌上出行"服务时感到犹豫和不安，从而影响他们的出行选择。

四、老年人看重出行安全性而阻碍他们接受"掌上出行"

由于智能设备的普及，现在的出行服务大多需要通过网络进行预约。然而，网络安全问题一直是人们关注的焦点，许多老年人对网络交易的安全性产生担忧，这会阻碍他们接受"掌上出行"。

（一）"掌上出行"网络交易安全性是老年人普遍关心的问题

在许多老年人的认知中，出行的安全性通常是他们最看重的一个方面。对于"掌上出行"这样一种新兴的出行方式，尽管其带来了极大的便利，但是其中的网络交易安全问题却是老年人普遍关心的问题，这在一定程度上限制了他们的出行自由。

"掌上出行"服务需要用户通过互联网进行操作，如在线预订、线上支付等，而这些操作往往涉及个人敏感信息的输入和传输。随着网络犯罪的日益严重，网络钓鱼、恶意软件等网络安全问题层出不穷，这些问题给老年人的网络支付带来了一定的风险。许多老年人会担心自己的银行信息被泄露或者被盗用，因此，他们会对网络交易的安全性产生疑虑。

由于老年人的网络知识储备相对较少，他们并不能有效地识别和规避网络钓鱼等网络犯罪手段。在进行网络交易过程中，他们可能会不小心点击一些欺诈性的链接，或者下载一些带有恶意软件的应用，从而导致自己的个人信息被盗取。这些信息一般包括他们的姓名、电话号码、银行账户等，一旦被泄露，就可能会给他们带来极大的经济损失。

许多老年人可能对现代的网络支付方式并不熟悉，他们不清楚如何设置支付密码、如何绑定银行卡、如何进行支付确认等操作。在这种情况下，他们会因为操作失误而导致自己的银行信息被泄露，或者因为没有正确地完成支付操作而导致自己的交易失败。这些情况不仅可能会给他们带来经济损失，也可能会影响他们的出行计划。

由于老年人担心自己的网络支付行为被其他人监控，担心自己的支付信息被恶意软件记录，担心自己的支付行为被其他人通过网络进行追踪。这种对于隐私被侵犯的担忧，会使他们对网络支付产生抵触情绪，从而影响他们的出行选择。

（二）老年人对"掌上出行"服务的实际安全性的担忧

除了网络交易的安全性之外，老年人对于"掌上出行"服务的实际安全性也可能存在担忧。他们担心预约的车辆是否安全，司机是否有足够的驾驶技能和素质，以及是否会严格遵守交通规则等。这些担忧使他们在选择是否使用"掌上出行"服务时产生犹豫和顾虑，从而限制了他们的出行自由。

关于预约车辆的安全性。尽管"掌上出行"服务通常会对车辆进行一定的安全检查，但是这些检查并不能完全消除老年人的担忧。他们担心车辆的技术状况是否良好，如刹车系统是否正常、轮胎是否磨损过度等。如果车辆的技术状况存在问题，可能会在行驶过程中出现故障，从而对乘客的安全产生威胁。

关于司机的驾驶技能和素质。尽管"掌上出行"服务通常会对司机进行严格的筛选和培训，但是老年人仍然会对此产生疑虑。他们担心司机是否有足够的驾驶经验、是否会遵守交通规则、是否会在驾驶过程中分心等。如果司机的驾驶技能和素质不高，可能会增加交通事故的风险。

另外，老年人会对"掌上出行"服务的出行安全性产生更多的疑虑。他们担心在出行过程中是否能得到充分的保护，如在遇到交通事故或者突发情况时，是否能得到及时和有效的帮助。此外，他们还担心自己的隐私是否能得到保护，如他们的行程信息和联系方式是否会被恶意使用。

（三）老年人对"掌上出行"服务的可靠性的担忧

老年人担心预约的车辆是否会准时到达，是否会因为各种原因而取消预约等。这种对出行服务可靠性的担忧，也会影响他们使用"掌上出行"服务的决定。

预约车辆的准时到达是老年人在使用"掌上出行"服务时非常关心的问题。因为老年人出行时会普遍看重自己的行程是否合理，如医院的预约、参加的活动是否会被耽误等，这些行程需要他们准时到达目的地。如果预约的车辆不能准时到达，会使他们错过重要的行程，从而带来诸多的不便。而且，老年人因为这种不确定性感到焦虑，这使他们在选择是否使用"掌上出行"服务时产生犹豫。

预约车辆是否会取消预约也是老年人使用"掌上出行"服务时担心的问题。他们担心司机因为交通堵塞、个人原因等而取消预约。这种情况使他们在紧急时刻找不到合适的出行方式，从而带来很大的困扰。这种对出行服务可靠性的担忧，会使他们在选择是否使用"掌上出行"服务时产生顾虑。

（四）老年人对"掌上出行"服务的应急处理能力的担忧

在出行过程中，老年人普遍担心出现各种难以预料的情况能否得到及时处理，如车辆故障、交通事故等，而这些将成为影响老年人接受和主动使用"掌上出行"服务的主要原因之一。

老年人会对车辆故障的应急处理能力感到担忧。在出行过程中，车辆可能会因为各种原因出现故障，如轮胎爆裂、发动机故障等。这些故障会使他们的行程被迫中断，从而带来诸多不便。如果出行服务不能及时并有效地处理这些故障，会使他们在等待故障处理期间感到焦虑和无助，从而进一步加重他们对于使用"掌上出行"服务的担忧。

在出行过程中，老年人还会对交通事故的应急处理能力感到担忧，如车辆碰撞、交通拥堵等。这些事故极易导致他们的行程被迫延误，甚至会对他们的人身安全构成威胁。如果出行服务在面对这些事故时不能及时并有效地进行处理，会使他们在事故发生后感到恐慌和无助，从而进一步加重他们对于使用"掌上出行"服务的担忧。

老年人还会对其他意外情况的应急处理能力感到担忧。例如，他们担心在出行过程中遇到暴雨、大雪等突发的天气变化。这些天气变化会使他们的行程变得困难，甚至会对他们的人身安全构成威胁。如果出行服务在面对这些天气变化不能及时并有效地进行应对，势必会给老年人的出行带来诸多不便。

五、老年人因社会环境因素而难以接受"掌上出行"

在现代社会中，"掌上出行"服务已成为年轻人日常生活的一部分。然而，对于老年人来说，接受和使用这种便捷的服务却面临着许多挑战。智能设备的普及率问题、教育和经济条件的限制、社会支持的缺乏以及文化和心理障碍等，这些社会环境因素共同限制了老年人对"掌上出行"服务的接受度。接下来就深入探讨这些问题，并思考如何更好地满足老年人的出行需求。

（一）智能设备的普及率问题

智能设备的普及率问题直接影响了老年人使用"掌上出行"服务的可能性。"掌上出行"服务通常需要通过智能手机或平板电脑进行访问，这些设备通常需要运行特定的应用程序。然而，在一些地区，特别是农村地区，由于经济条件、教育水平和技术支持等因素的影响，智能设备的普及率较低。对于这部分老年人来说，显然无法接触到这些设备，因此也无法使用"掌上出行"服务。

即使老年人拥有智能设备，他们也会由于网络环境的限制而无法使用"掌上出行"服务。"掌上出行"服务通常需要通过互联网进行访问，这需要稳定且高速的网络环境。然而，在一些地区，特别是农村地区，由于基础设施建设的滞后，网络环境的质量无法满足"掌上出行"服务的需求。对于这部分老年人来说，通常会无法访问互联网，或者无法在网络环境较差的情况下使用"掌上出行"服务。

智能设备的普及率低也会影响老年人使用"掌上出行"服务的便利性，因为这意味着相关的服务和支持也相对缺乏。例如，老年人可能无法在本地找到相关的维修服务，或者无法获得使用智能设备的相关教育和培训，从而使老年人在使用"掌上出行"服务时遇到更多的困难和挑战。

（二）教育和经济条件的限制

据有关研究结果表明[①]，即使在网络设施和智能设备相对完善的城市地区，一些老年人由于受教育程度低和经济条件有限，也会对其熟练掌握和使用这些新的技术和服务带来一定制约。老年人会因为不懂如何操作智能设备，不会使用出行应用，或者无法承受购买智能设备的经济负担，而无法享受到"掌上出行"的便利。

熟练操作智能设备需要一定的知识和技能，而这些知识和技能往往需要通过教育和学习来获得。然而，对于一些受教育程度低的老年人来说，他们可能无法理解和掌握这些知识和技能，因此无法熟练操作智能设备。他们也会因为不懂如何开机、关机、安装应用、进行基本的触屏操作等，而无法使用"掌上

---

① 岳子琦.城市老年人数字鸿沟研究［D］.昆明：云南大学硕士学位论文，2021.

出行"服务。这种情况在那些教育资源匮乏的地区更为严重。

经济条件也是一个重要的限制因素。智能设备通常价格较高，而且使用这些设备有时还需要支付数据流量费用。对于一些经济条件有限的老年人来说，通常无法承受这些经济负担，即使能够购买智能设备，也无法承担使用这些设备的后续费用，如更新硬件、购买和更新软件等，这也会使他们无法享受到"掌上出行"服务的便利。

（三）社会支持的缺乏

对于一些老年人来说，因为缺乏家人或社区的支持，而难以接受和使用新的技术和服务，这必然会影响老年人自身接受和使用"掌上出行"的意愿。

从家庭环境来看，老年人可能并未得到家人的鼓励和支持去尝试使用新的技术和服务。在一些家庭中，年轻人可能由于自身的忙碌，没有足够的时间和精力去帮助老年人了解和学习这些新的技术和服务。有时他们甚至对老年人使用新技术持有消极的态度，担心他们操作不当而产生问题，或者过度依赖这些服务而失去自我照顾的能力。这些消极的态度会对老年人产生负面的影响，使他们对新的技术和服务产生抵触情绪。

从更广泛的社区环境来看，老年人因为缺乏社区的支持，而难以接受和使用新的技术和服务。在一些社区中，没有专门的机构或者人员来帮助老年人了解和学习新的技术和服务，他们需要自己去探索和学习，这对于许多老年人来说是一项艰巨的任务。此外，社区的文化氛围也对老年人产生影响。在一些社区中，老年人使用新技术而遭到其他人的排斥，使他们产生心理压力，从而影响他们接受和使用新的技术和服务。

（四）文化和心理障碍

文化和心理障碍是老年人难以接受"掌上出行"的重要原因之一，因为一些老年人对新事物的恐惧和抵触而不愿意尝试使用新的技术和服务。具体表现为自己已经习惯了传统的出行方式，对于使用智能手机、下载应用程序等新技术会感到陌生和不安，担心自己无法适应新的技术，并担心在使用新技术时出错。这样就导致老年人普遍更倾向于依赖熟悉的方法和工具，而在面对新的技术时，会不同程度地感到无助和困惑。

除了文化和心理障碍，社会环境因素也限制了社区老年人的行动自由。

"掌上出行"服务通常依赖于智能手机和互联网连接，然而，老年人中仍有很大一部分人不熟悉或无法轻松使用这些技术。在一些社区中，互联网覆盖率相对较低，老年人无法稳定地获得互联网连接，这使得他们无法方便地使用"掌上出行"服务。

第三节　"云支付"让社区老年人日常购物普遍"望而却步"

在"云支付"的时代，越来越多的社区老年人发现自己在日常购物中望而却步。新支付技术的接受度成为一个关键问题，老年人面临着使用新支付技术的社会参与度的挑战。由于老年人普遍缺乏数字技能，不熟悉如何下载应用程序、使用智能设备进行扫码支付等操作，这使他们感到困惑和不安。同时，信息安全问题也使他们望而却步。老年人担心个人信息被泄露和滥用，对新支付技术的可靠性缺乏信任。同时，"云支付"所带来的社会认同感的缺失也是一个痛点，老年人通常会质疑自己在数字化时代中的价值和角色，感到与时代脱节。这些问题一起构成了银色数字鸿沟的基本表现，阻碍了社区老年人参与到新支付技术所带来的便利中。

一、新支付技术接受度成为银色数字鸿沟之痛的第一表现

在当今学术界，学者潘曙雅和邱月玲针对学术领域关于"银色数字鸿沟"的内涵进行了全面的收集与整理，明确指出"银色数字鸿沟"是数字鸿沟概念的一个分支，可以看作数字鸿沟在年代维度上的呈现[①]。一方面，这是由于老年人群在成长和生活的大部分时间里并未接触过这些新兴的数字技术，他们对这些技术的认识和理解可能存在困难。另一方面，由于身体和认知的退化，老年人群在学习和掌握新技术上也可能遇到更多的挑战。因此，老年人群对新支付技术接受度低，可以说这是"银色数字鸿沟之痛"的一个重要表现。

---

① 潘曙雅，邱月玲."银色数字鸿沟"的形成及弥合——基于2001—2019年的文献梳理和理论透视［J］.新闻春秋，2021（1）：27–33.

（一）技术认知困难

对于老年人群体来说，新支付技术，特别是"云支付"是一种全新的事物，他们需要花费大量的时间和精力去理解、学习和掌握。然而，由于他们在成长过程中并未接触过这些新兴的数字技术，他们对这些技术的认知存在显著的困难。尤其是"云支付"这样的新技术，它的运作机制、使用方法和安全性等方面对老年人来说十分复杂和难以理解，这些情况构成了他们的技术认知困难。

1."云支付"需要老年人具备一定的互联网知识和技能

这里的互联网知识和技能，包括理解互联网的基本工作原理、如何进行安全的在线交易、如何保护个人信息不被泄露等。然而，由于老年人生活和工作在没有互联网的环境中，他们对互联网的使用和理解比较困难。他们对互联网的操作感到陌生，对互联网的安全问题感到恐惧，甚至会对使用互联网进行支付感到困惑和无助。这种情况使他们在使用"云支付"时感到疑惑和困扰，甚至使他们对使用"云支付"产生抵触心理。

2."云支付"需要智能设备的操作技能

对于老年人来说，他们对智能设备的使用不熟悉，甚至对这些设备感到恐惧和抵触。同时，他们对这些智能设备的操作感到困惑，对这些设备的操作系统感到陌生，对这些设备的复杂性感到恐惧。他们因不熟悉这些设备的操作而感到压力和焦虑，这些情况使他们在使用"云支付"时感到困扰和不安。

3."云支付"还涉及一系列的操作步骤

在进行"云支付"活动中，需要下载应用程序、注册账号、绑定银行卡等，这些步骤对老年人来说也是一个挑战。他们可能会觉得这些步骤复杂而烦琐，可能会因为不熟悉这些步骤而感到困扰。他们可能会因为操作错误而感到焦虑，可能会因为操作失败而感到失望。这种情况可能会使他们在使用"云支付"时感到困难，可能会使他们对使用"云支付"产生质疑。

（二）操作使用困难

操作使用困难是老年人应用新支付技术时经常面临的挑战之一。尽管他们可能已经对这些技术有一定的认知，但在实际操作中，他们也会遇到各种问题，这可能使他们感到困扰和不安。

1. 新支付技术往往需要用户具有一定的数字技能

许多老年人可能不熟悉如何下载和安装应用程序，也不了解如何使用智能设备进行扫码支付。他们可能没有接触过智能手机或平板电脑，对于这些设备的使用方法感到陌生。此外，老年人缺乏关于在支付过程中保护自己隐私和安全的知识，他们不清楚如何设置密码或采取其他措施来保护自己的财务信息。这些技能的缺乏使老年人在使用新支付技术时感到困惑和不安。

2. 操作使用困难也表现在"云支付"的具体操作流程上

对于年轻人来说，下载应用程序、输入密码、扫描二维码这些步骤已经变得非常熟悉和简单。然而，对于老年人来说，这些操作会显得非常复杂和困难。由于生理因素的影响，如视力和手指灵活度的减退，老年人在操作小屏幕的智能手机时会遇到许多困难。他们无法清晰地看到屏幕上的字体和图标，也无法准确地点击或滑动屏幕。这样的操作困难严重影响他们使用新支付技术的体验，使他们对新支付技术产生抵触和恐惧。

二、新支付技术使用过程的社会参与度成为银色数字鸿沟之痛又一重要表现

随着新支付技术的兴起，人们的购物方式、社区服务、人际交往、学习机会等都发生了翻天覆地的变化。然而，这些改变也带来了一个问题：老年人在使用新支付技术时的社会参与度。购物体验、获取社区服务、与他人交往、学习新知识，都需要掌握新支付技术。但对于许多老年人来说，这成为一道难以逾越的银色数字鸿沟。

（一）购物体验的改变

"云支付"作为一种新兴的支付方式，它的便捷性在很大程度上改变了人们的购物体验。现在，人们在购物时不再需要携带现金或银行卡，只需要用手机扫一扫就可以完成支付。这种变化对于年轻人来说，可能是一种进步，是一种便利。然而，对于老年人来说，这种改变可能并不是那么容易被接受。

老年人习惯于使用现金或银行卡进行支付，他们对这种新的支付方式感到陌生和困惑。而且，"云支付"的使用还需要一定的数字技能，如使用智能手机、下载和操作应用程序等。这些技能对于老年人来说是一个巨大的挑战。因

此，新支付技术的使用，会给老年人的购物体验带来困扰，甚至会让他们感到压力和焦虑。

（二）社区服务的获取

现在，许多社区服务，如水、电、天然气费用的支付、社区活动的报名等，都可以通过"云支付"来完成。对于老年人来说，这些将是一个巨大的挑战。如果他们无法使用"云支付"，他们就可能无法获取这些服务。这不仅使他们在生活中遇到困难，也会影响他们参与社区活动的机会。例如，如果他们无法使用"云支付"来支付水、电、天然气费用，他们就需要求助于他人，或者亲自去现场缴费。这样，他们就需要花费较多的时间和精力，从而感到尴尬和无助。

（三）人际交往的方式

现在，年轻人在聚餐后常常通过"云支付"来分摊费用，或者通过"云支付"来转账。这种新的交往方式对于年轻人来说，无疑是一种方便和快捷的方式。然而，对于老年人来说，这种新的交往方式并不容易被接受。他们习惯于面对面的交往，习惯于现金的交易，习惯于手到手的礼物交换。因此，当他们看到年轻人通过手机进行交往时，他们感到陌生，甚至感到困惑和焦虑。因此，他们选择回避这种新的交往方式，选择与同龄人进行传统的交往，而这样他们就可能与年轻人的世界渐行渐远，从而感到孤立和被排斥。

（四）学习新知识的机会

"云支付"作为新兴的支付方式，其背后的技术和理念都是新的知识。如果老年人能够学习和掌握"云支付"，他们就能够了解更多的新知识，提高自己的知识水平。然而，由于种种原因，许多老年人无法使用"云支付"，从而失去了这种学习新知识的机会。具体表现在三方面：一是他们缺乏学习新技术的机会。可能没有适合他们的学习资源，他们没有耐心和兴趣去学习，也没有人帮助他们学习。二是他们缺乏学习新技术的动力。他们认为自己年纪大了，没有必要学习新的东西，也担心学不好新技术，影响自己的自尊心。因此，他们可能会选择回避新的知识，选择坚守自己熟悉的世界。三是新支付技术也让老年人对未来产生恐惧感。"云支付"作为一种新兴的支付方式，代表了未来的发展趋势。如果老年人无法接受和使用"云支付"，他们就可能对未来感到恐惧和焦虑。

（五）对未来的恐惧感

老年人担心自己的技能和知识会被淘汰，担心自己会被社会抛弃。他们还担心自己无法与年轻人竞争，无法与社会保持同步。他们还担心自己的生活方式、价值观和人生经验会被社会忽视，甚至担心自己的生活将变得孤独和无助。

在这种恐惧感的驱动下，他们可能会对新支付技术产生抵触，可能会对新的社会变革产生恐惧。他们可能会选择回避新的技术，选择坚守自己熟悉的生活方式，选择回避新的社会规则。他们可能会选择安于现状，选择逃避变革，选择坚守自己的安全区。

三、新支付技术信息安全成为银色数字鸿沟之痛的重要表现

老年人对于新支付技术的信息安全性存在困扰，他们担心个人信息被泄露和滥用。这种担忧使得他们对新支付技术的接受度降低，形成了一个银色数字鸿沟。

（一）信息安全的困扰

对于老年人来说，他们对新技术的接受和理解能力相对较低，因此他们在使用新支付技术时可能面临一些具体的信息安全问题。例如，他们可能不清楚如何设置复杂的密码来保护自己的账户安全。这不仅涉及密码的复杂性，还涉及密码的设置和记忆。复杂的密码可以更好地保护账户安全，但对于老年人来说，这会增加他们的记忆负担。他们可能会因为忘记密码而无法使用账户，这对他们来说是一个巨大的挑战。

（二）隐私泄露的风险

对于老年人来说，隐私泄露是一个很大的问题。他们对这种情况感到不安，担心自己的个人信息会被泄露，从而会对网络世界的隐私保护产生怀疑，对网络世界的公平公正产生质疑。这种担忧使他们在使用新支付技术时感到恐惧，甚至使他们选择避免使用这些新支付技术。

（三）欺诈风险的增加

有些不法分子可能会利用老年人对新支付技术的不熟悉，通过伪造支付页面、发送虚假支付请求等手段，诱骗老年人进行支付。这种欺诈风险的存在，

使老年人在使用新支付技术时更加谨慎，甚至使他们选择不使用。

（四）信任问题的挑战

对于许多老年人来说，他们更愿意信任他们熟悉的支付方式，如现金和银行卡，而对新支付技术则持有怀疑态度。这源于他们对新技术的不理解以及他们对新技术安全性的担忧。同时，他们可能会对新技术的可靠性产生疑虑，可能会对新技术的稳定性产生怀疑，可能会对新技术的公正性产生质疑。这种信任问题会使他们在使用新支付技术时感到不安，甚至使他们选择不使用。

另外，老年人对"云支付"这种新型支付方式的透明度有所质疑。他们会质疑自己的交易信息是否被妥善保护，是否可能被用于他们不希望的目的。他们担心自己的消费习惯、支付行为等信息被收集并用于商业目的。这种担忧使他们在使用新支付技术时更加谨慎，甚至选择不使用。

四、新支付技术社会认同感也成为银色数字鸿沟之痛的明显表现

新支付技术的普及引发了社会角色的变迁，而对于老年人来说，这也带来了一系列的困扰。社会交往中的技术隔阂逐渐产生，老年人感到与时代脱节，社会认同感受到挑战。他们质疑自己在数字化时代中的自我价值，担心无法适应和融入这一新的社会环境。这种社会认同感的缺失成为银色数字鸿沟的痛点之一。

（一）社会角色的变迁

在现代社会中，支付方式的变化不仅影响到经济活动，更深入到社会生活的每一个层面，尤其是对于老年人群体，这种变化会对他们的社会角色和身份产生深远的影响。他们在过去可能被视为家庭的经济支柱，掌握着家庭的经济权力，然而在新的支付模式下，他们发现自己的这种权力正在逐渐被削弱。因为他们无法像年轻人那样熟练地使用新的支付技术，他们发现自己在家庭中的地位正在发生变化，甚至会觉得自己在家庭中的影响力正在减弱。这种社会角色的变迁使他们产生混乱和困惑的感觉，从而对他们的社会地位和自我价值产生质疑。

（二）社会交往的困扰

随着支付方式的日益数字化，老年人群面临着技术上的挑战和社会融入的难题。数字支付技术的迅猛发展，如移动支付和在线交易，要求用户具备一定的技术知识和操作熟练度。年青一代在数字环境中长大，自然而然地掌握了这些技能。相反，许多老年人未能与时俱进，因而在日常交易中感到被排斥和困惑。当一部分社会成员无法流畅地使用主流支付手段时，他们会感到自己被边缘化，无法完全融入社会。这种感觉对老年人来说尤其强烈，因为他们因技术不熟悉而遭遇交际障碍，甚至在某些情况下遭受歧视。例如，现在的年轻人可能会在聚餐后通过"云支付"来分摊费用，或者通过"云支付"来转账。然而，对于老年人来说，他们却无法适应这种新的社交方式。他们发现自己在社交场合中无法像年轻人那样自如地使用新的支付方式，这会使他们在社交活动中感到不自在，甚至使他们在社交场合中感到被排斥或者被边缘化。这种情况会对他们的社交活动产生影响，从而影响他们的社会认同感。

（三）自我价值的质疑

面对高科技、智能化的支付渠道，老年人会觉得自己在新的支付环境下无法发挥作用，无法像过去那样独立完成购物等日常活动。当他们看到周围的人都能够自如地使用新支付技术时，他们会觉得自己无法与社会保持同步，这会对他们的自我价值感产生质疑。他们会感到自己的能力被贬低，甚至会感到自己被边缘化。这种自我价值的质疑使他们产生自我否定的情绪，使他们的社会认同感受到挑战。这种情况对于老年人的心理健康会产生一定的负面影响。他们可能会感到焦虑和抑郁，从而对生活失去信心。他们觉得自己被忽视，觉得自己在这个正在不断发展和变化的社会中越来越无法适应。这种感觉使他们对未来产生恐惧和不安，从而使他们的生活质量下降。

面对这些问题时老年人会产生逃避和抵触的情绪，他们会抵制新的支付技术，也会拒绝使用这些新的支付方式，并且他们会感到自己的生活方式被威胁，会对新的支付方式产生恐惧和抵触。这种情况使他们在社会生活中感到困扰，从而使他们的生活变得更加困难。

第三章　老年人社区智能技术应用在消除银色数字鸿沟中发挥的作用

在数字时代的洪流中，人们不仅要关注到科技的迅猛发展，更要关注到那些可能被边缘化的群体，如社区的老年人。当他们面对银色鸿沟的挑战时，智能技术的应用能在了解社区老年人时代困惑、建立适老化互联网、增强社会的"数字反哺"功能和情怀方面发挥巨大作用。首先，通过便捷的在线反馈，可以全方位了解老年人在数字时代的困惑，从而提供更有针对性的帮助。其次，通过个性化的服务帮助构建更为适合老年人的互联网环境，让他们在数字化社会中找到自己的位置。再次，通过媒介素养的提升，增强老年人的"数字反哺"功能，让他们不再被动地接受信息，而是主动地获取和处理信息。最后，社会人文的关怀是消解社区老年人对数字时代刻板印象的关键，只有建立起积极的认知，他们才能更好地融入这个时代。以上四个方面的智能技术应用，对消除银色数字鸿沟，实现老年人的数字化融入，具有重大意义。

第一节　便捷的在线反馈：全方位了解社区老年人在数字时代的困惑

老年人作为社会群体的重要组成部分，在数字时代背景之下显然要不断适应社会发展大环境，积极与其他社会群体之间保持紧密的互动和交流，从而适应时代发展。为此，在弥补其数字鸿沟的同时，需要对其存在的具体困惑进行全面了解，而通过数字技术打造便捷的在线反馈无疑是理想抓手。

一、在线反馈实时收集老年人的需求和困惑

在数字化的世界里，老年人是容易被边缘化的群体之一。他们由于技术知识的不足、操作技能的缺失等而无法充分利用现代化的技术工具，从而产生"银色数字鸿沟"。这个鸿沟不仅阻碍了老年人享受数字化生活的便利，也使他们在获取信息、享受服务等方面处于不利地位。因此，消除银色数字鸿沟，让老年人能够平等、自由地使用数字化工具，是当前面临的重要任务之一。

（一）实时收集社区老年人反馈的信息

当人们谈论实时收集社区老年人反馈的信息时，便捷的在线反馈具有不可替代的优势。老年人在使用智能技术产品时，如果遇到任何困难，他们可以直接在平台上反馈，这种反馈信息几乎无时无刻不在更新，这使得研究人员有可能获得最新、最真实的反馈信息。工作人员不再需要等待定期的调查或者问卷，而是可以在问题产生的第一时间得知，从而可以快速解决问题。

（二）为社区老年人提供个性化服务

这种在线反馈方式还能为社区老年人提供个性化服务。每个人都是独一无二的，其需求和问题也各不相同。在线反馈系统能够记录每个人的反馈，根据这些反馈为他们提供个性化的服务。例如，如果某个老年人在使用智能手机时遇到困难，工作人员可以根据其反馈，为他提供专门的教程或指导。这种个性化的服务不仅能够更好地满足老年人的需求，也能够提升他们的满意度和使用体验。

（三）对产品开发和改进的引导作用

对于产品开发和改进，便捷的在线反馈同样起到了引导作用。老年人的反馈可以直接反映产品的优点和缺点，这对于产品的改进和优化提供了宝贵的信息。工作人员可以根据这些反馈，优化产品设计，改进使用流程，提升产品性能，从而满足老年人的需求。同时，这些反馈也可以为新产品的开发提供灵感，帮助工作人员了解老年人的潜在需求，从而创新产品设计，开发出更适合老年人使用的产品。

（四）培养适合老年人的数字技能

在向在线反馈平台反馈的过程中，老年人需要使用电子设备，需要使用互

联网，需要使用文本输入，甚至还需要使用多媒体工具，如照片、视频等。这些都是数字时代必需的基础技能。通过在线反馈，老年人在实践中学习和掌握这些技能，无形中提升了他们的数字素养。从更宏观的角度看，这种在线反馈方式，实质上是一种社区参与。老年人通过反馈，参与到社区的决策和服务提供过程中，他们的声音被听见，他们的需求被关注，他们的困扰被解决。这种参与感和归属感，有助于提升老年人的生活满意度，增强他们的社区凝聚力。

二、在线反馈覆盖更广泛的老年人群体

在数字化时代，人们能够通过在线反馈更广泛地覆盖老年人群体，更全面地了解他们的需求和困惑，这是因为在线反馈既不受地理条件限制，也不受时间限制，且操作过程容易，能够覆盖不同生活背景的社区老年人。这四个方面的特性使得在线反馈成为解决老年人在数字时代困惑的重要工具，对消除银色鸿沟起到了不可忽视的作用。

（一）反馈过程不受地理条件的限制

在线反馈作为一种通信方式，在覆盖老年人群体方面具有广泛的优势，其中，反馈的过程不受地理条件的限制是一个重要因素。在当今信息传递飞速的时代，互联网的普及使得不同地区的人们可以实时进行交流和沟通。在线反馈也同样受益于这一发展，它不受地理条件的限制，无论老年人居住在城市还是乡村，只要有网络的覆盖，他们都可以进行在线反馈。这种不受地理条件限制的优势带来了诸多好处。具体而言，主要包括三个方面：

一是老年人不再需要为了反馈而花费大量的时间和精力。以往，如果老年人想要表达自己的需求和困惑，可能需要长途跋涉或乘坐交通工具前往相关机构或服务中心。如今，通过在线反馈，老年人只需打开自己的智能设备，连接网络即可，无论身处何处，都能够方便地进行反馈。这极大地方便了老年人，节省了他们的时间和精力，使他们能够更轻松地表达自己的想法和需求。

二是不受地理条件限制的在线反馈使得工作人员能够更广泛地了解不同地区老年人的需求和困惑。由于地理位置的差异，不同地区的老年人可能面临着不同的挑战和问题。通过在线反馈，可以与来自各个地方的老年人进行沟通和交流，听取他们的声音和意见。这样，工作人员可以更全面地了解不同地区老

年人的需求，从而更有针对性地提供帮助和支持。在线反馈的这种广泛性和开放性，建立起与各地老年人之间的联系和桥梁，促进了信息的流通和共享。

三是通过不受地理条件限制的在线反馈，工作人员可以更广泛地覆盖老年人群体，无论他们生活在城市还是乡村，老年人都可以通过互联网进行在线反馈。这种便利性不仅为老年人节省了时间和精力，也为工作人员提供了更多的机会，深入了解各地老年人的需求和困惑。在线反馈的广泛性和开放性，使得工作人员能够更好地与老年人进行交流和互动，为他们提供更有针对性的支持和服务，让他们感受到关爱和关注。

（二）反馈过程不受时间限制

在线反馈作为一种沟通方式，其重要之处在于不受时间限制。老年人可以在适合他们的任何时间进行反馈，这一点尤为重要。老年人的作息时间可能与其他年龄阶段的人群不同，他们可能在其他人群工作时休息，或者在其他人群休息时活动。通过在线反馈，他们可以在任何需要的时候向工作人员提出需求和困惑。工作人员也可以在收到反馈后的第一时间进行回应，以更好地解决他们的问题。

这种不受时间限制的在线反馈给老年人带来了很大的便利。他们不必担心错过某个特定时间段或与自己工作时间冲突，而无法表达自己的需求。无论是清晨、中午还是深夜，老年人都可以根据自己的时间安排进行反馈。他们可以在感到困惑、需要帮助或有任何问题时，随时随地使用智能设备进行反馈。这种便捷性使老年人能够在最适合他们的时候，毫不迟疑地向有关工作人员传达自己的想法和需求。对工作人员而言，不受时间限制的在线反馈也带来了诸多好处。工作人员可以随时接收老年人的反馈信息，无论是在工作时间内还是之外。即使在非工作时间，工作人员也可以在收到反馈后的第一时间进行回应和处理。这种即时性使得工作人员能够更迅速地解决老年人所面临的问题，提供及时的帮助和支持。不受时间限制的在线反馈使工作人员与老年人之间的沟通更加顺畅，为他们提供了更高效的服务。因此，通过不受时间限制的在线反馈，老年人能够在自己方便的时间向工作人员提出需求和困惑，而工作人员也能够在第一时间给予回应。这种灵活性和及时性为老年人提供了更好的服务体验。无论是在早晨的阳光下、午后的安宁时光，还是在深夜的宁静中，老年人都可以随时通过在线反馈来实现与工作人员的沟通。同时，工作人员将始终与他们保持联系，随时准备回应他们的需求和问题。

（三）反馈过程容易操作

在线反馈的易操作性确实是其能够覆盖更广泛老年人群体的一个重要原因。众所周知，老年人的学习能力和适应能力相对较弱，他们在面对新的事物和技术时可能会感到困惑和无助。但是，相较于传统的反馈方式，如电话或者邮件，在线反馈的直观性和操作的简便性大大降低了他们的使用难度。其原因在于在线反馈平台一般会有清晰的操作指南和提示，老年人只需要按照指南和提示一步一步操作，就可以完成反馈。在这个过程中，他们不需要过多地思考和判断，只需要简单地点击和输入即可，这对于老年人来说无疑是一大利好。另外，一些在线反馈平台还会提供语音输入功能，老年人只需要说出他们的需求和困惑，系统就会自动转化为文字，这进一步降低了他们的操作难度。而且随着智能手机的普及，越来越多的老年人开始接触和使用智能手机。他们在使用智能手机的过程中，已经逐渐习惯了触屏操作，也逐渐适应了数字化生活。因此，他们在使用在线反馈平台时，会感到更加熟悉和舒适。虽然他们可能在操作上会有一些不熟练，但是，只要他们愿意尝试和学习，这些问题都是可以克服的。

（四）可以覆盖不同生活背景的社区老年人

在线反馈能够覆盖不同生活背景的社区老年人，这一点是其在消除银色数字鸿沟中发挥作用的另一个重要方面。生活背景包括教育水平、经济条件、居住环境等诸多因素，这些因素对老年人使用数字设备和互联网有着重要影响。

教育背景对于老年人使用在线反馈系统的影响是显著的。传统上，受过更好教育的人更容易理解和接受新技术。但是，随着技术的发展，一些设计友好、操作简单的在线反馈系统正在改变这一现象。无论老年人的教育背景如何，他们都可以通过简单的操作进行反馈。就算他们在操作过程中遇到困难，也可以通过在线教程、用户手册或者客服人员获得帮助。这就消除了教育背景对于使用在线反馈系统的限制，使得更多的老年人可以参与到在线反馈中来。

经济条件对于老年人使用在线反馈系统的影响也在减小。在过去，互联网和数字设备可能是一种奢侈品，只有经济条件较好的人才能够使用。但是，随着技术的发展和普及，互联网和数字设备的价格正在逐渐降低，越来越多的老年人可以使用它们进行在线反馈。此外，许多社区还为老年人提供公共设备和免费的网络服务，使得他们无论经济条件如何，都可以进行在线反馈。

居住环境也对老年人使用在线反馈系统有影响。在城市，老年人可以方便地获取网络服务和数字设备，而在农村，他们可能需要面对网络覆盖不全和设备短缺的问题。然而，随着网络覆盖的不断扩大和数字设备的不断普及，这些问题正在逐渐得到解决。无论老年人居住在城市还是农村，他们都可以通过在线反馈系统表达他们的需求和困惑。

三、在线反馈可以更深入地了解老年人的需求

在数字时代，便捷的在线反馈确实为工作人员全方位了解社区老年人的困惑提供了新的途径。老年人社区智能技术应用在消除银色数字鸿沟中发挥了重要作用，其中，在线反馈的开放性、无篇幅限制、透明度和互动性，都是其发挥作用的重要因素。

（一）反馈形式更加开放

在线反馈作为了解老年人需求的一种途径，为工作人员更深入地认识他们提供了机会，而这种反馈形式的开放性更是具有重要意义。老年人在社区智能技术应用教育中，特别是在线反馈方面的开放性，赋予了他们更大的自由度。他们可以自行选择适合自己的方式来进行反馈，无论是文字、图片、音频还是视频，都可以被采纳。这样一来，老年人不再受限于特定的反馈方式，他们能够更加自由、真实地表达出自己的需求和困惑。

这种开放性的反馈形式也为工作人员提供了更多的视角和更多的途径解读老年人的反馈信息。因此，工作人员可以从多个角度、多个方面去理解和解读老年人的反馈信息，从而更准确地了解他们的需求和困惑，更有效地解决他们所面临的问题。这种多元化的解读方式是传统反馈方式所无法比拟的。通过在线反馈，工作人员可以更加全面地了解老年人的需求。老年人的反馈不再局限于简单的文字描述，他们可以通过上传图片来展示自己的生活环境或问题的具体情况，通过音频或视频来传达更多的情感和细节。这样，工作人员能够更加立体地认识老年人的需求，不仅能够了解他们的具体问题，还能够感受到他们

的情感和体验。

（二）避免反馈的频次和篇幅限制

在线反馈在了解老年人需求方面具有一项重要优势，即可以避免反馈的频次和篇幅限制。相比传统的反馈方式，如电话或邮件等，这些方式通常对反馈的次数和内容有所限制，这就在一定程度上限制了老年人表达自己需求和困惑的自由度。然而，通过在线反馈，这些限制可以得到克服。在线反馈允许老年人根据自己的需求选择反馈的详细程度。有些老年人可能倾向于提供详尽的信息，以便更好地解释他们的需求和困惑。另一些老年人可能更喜欢简洁明了地表达自己的观点。在线反馈提供了这种选择的机会，老年人可以根据自己的偏好和需求，决定反馈的内容和篇幅。这样，他们能够更准确地传达他们的意图，工作人员也能够更全面地了解他们的需求和困惑。在线反馈的这种独特优势有助于建立更紧密的联系和互动，从而更好地满足老年人的需求，并提供更好的支持和服务。

（三）反馈的透明度较高

在线反馈具有较高的透明度，这是一个重要的特点。每一个反馈都有明确的来源和具体的内容，这使得工作人员能够更准确地了解老年人的需求和困惑，从而更有针对性地解决问题。同时，透明度的提高也使得工作人员能够更好地监督和改进工作，进一步提高服务质量。这对于建立老年人对工作人员服务的信任，提升他们的满意度至关重要。

在实践过程中，每一个反馈都可以追溯到具体的来源。通过智能技术，工作人员能够获得反馈的相关信息，包括反馈者的身份、年龄、地区等。这使得工作人员能够更加了解反馈背后的老年人群体特点，为他们提供更有针对性的服务和支持。通过对反馈来源的分析，可以发现潜在的问题和需求趋势，进而采取相应的措施来改进服务。并且透明度的提高也意味着反馈的内容更加明确和具体。老年人可以通过在线反馈清楚地表达自己的需求、问题和困惑。他们可以提供详细的描述、具体的案例或者给出建设性的意见和建议。这些具体的内容为工作人员提供了更多的信息和线索，帮助工作人员更好地理解老年人的真实需求，并为他们提供更准确、个性化的解决方案。还有一点不可否认，高度透明的反馈还能使工作人员进行有效的监督和改进。通过分析反馈的内容和趋势，工作人员可以及时发现问题，并迅速采取措施加以改进。这种自我监督和不断改进的过程有助于提高工作人员的服务质量和效果，使工作人员能够更好地满足老年人的需求。同时，透明度的提高也向老年人传递了工作人员的用心和诚意，增强了他们对工作人员服务的信任感和满意度。

（四）反馈的及时性与互动性较强

在传统的反馈方式中，反馈的回应通常需要一定的时间，而在在线反馈中，工作人员可以立即对老年人的反馈做出响应。这种快速的反应不仅让老年人感觉到他们的意见被重视，也让工作人员有机会更快地了解并解决他们的问题。此外，这种即时互动也能让老年人更亲近和信任工作人员，从而更愿意使用工作人员所提供的服务。这种与老年人的即时互动，无疑极大地提升了工作人员的服务质量，提高了老年人对工作人员的服务满意度。

另外，高度的互动性也为工作人员理解老年人提供了更多的可能性。因为每个人都有自己独特的生活经历和观点，他们的反馈往往包含了丰富而独特的信息。通过与他们的即时互动，工作人员可以更深入地理解他们的需求和困惑，从而提供更为贴切和个性化的服务。

在这个过程中，工作人员也能发现老年人在使用数字设备和互联网时可能会遇到的新问题，如操作难度、理解难度等，这些问题如果得不到及时解决，就可能会导致他们对数字设备和互联网产生恐惧和排斥。然而，通过在线反馈，可以及时发现和解决这些问题，从而帮助老年人克服恐惧，接纳和适应数字时代。

第二节　个性化服务：助力适老化互联网建设

针对社区老年人智能技术应用教育的全面开展，社区应注重为其提供方便、快捷、人性化的服务，切实让其感受到学习并掌握智能技术是快乐的过程，从而为其顺利理解和掌握应用技巧提供良好的前提条件。由于社区老年人的生活经历、教育背景、健康状况、技能水平等方面存在着一定差异，所以个性化服务就要立足其具体需求，为之提供定制化的服务，满足老年人的特定需求。

一、个性化服务能够提供更符合老年人使用习惯的产品和服务

面对老年人在使用智能产品时的挑战，个性化服务显得尤为重要。智能产品的操作复杂性和信息超载可能让老年人感到困扰，然而，个性化服务能够有效地解决这些问题。通过对老年人的深度理解和精准服务，个性化服务能够提供更符合老年人使用习惯的产品和服务。无论是界面设计、操作流程，还是内容展示，都能够根据老年人的特点和需求进行优化，使他们在使用智能产品时既能享受到科技带来的便利，又不会被复杂的操作所困扰。

个性化服务可以通过渐进式的介绍和引导，帮助老年人逐步适应和接受新技术。例如，可以提供简单易懂的操作指南和教程，帮助老年人了解和熟悉新技术的使用方法。通过了解老年人的喜好和习惯，智能产品可以提供更加个性化的推荐和建议，帮助他们更轻松地使用和享受这些产品。这种个性化的服务可以减少老年人对新技术的抵触情绪，增强他们对产品的兴趣和参与度。

（一）简化操作界面

智能产品的设计常常过于复杂，充斥着各种各样的功能和选项，这对于老年人来说无疑是一种挑战。他们可能需要花费大量的时间和精力去学习如何操作，而且还容易在操作过程中出错。但是，如果工作人员能够根据老年人的特点和需求，简化操作界面，减少不必要的功能和选项，那么他们就能更快地掌握使用技巧，也能更有效地获取和处理信息。这不仅能够降低他们使用智能产品的难度，也能够提高他们的使用效率。

（二）优化交互设计

许多智能产品的设计并没有考虑到老年人的身体和认知能力的限制，导致他们在使用过程中感到困扰和不便。例如，字体太小，按钮太紧密，声音提示不明显，等等。然而，如果工作人员能够在设计中考虑到这些因素，比如增大字体大小、增加按钮间距、提供清晰的声音提示等，那么就能够大大提升老年人的使用体验，使他们在使用智能产品时感到舒适和愉快。

（三）考虑使用习惯

每个人都有自己的使用习惯和偏好，老年人也不例外。他们可能更喜欢某

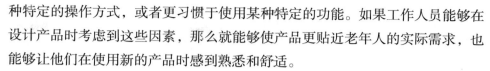

种特定的操作方式，或者更习惯于使用某种特定的功能。如果工作人员能够在设计产品时考虑到这些因素，那么就能够使产品更贴近老年人的实际需求，也能够让他们在使用新的产品时感到熟悉和舒适。

（四）提供培训和支持

老年人之所以对新的技术和产品感到陌生和恐惧，在很大程度上是因为他们缺乏足够的知识和技能。他们可能不知道如何开始，也可能在遇到问题时不知道如何解决。因此，提供专门针对老年人的培训和支持是非常重要的。这可以通过线下的课程、线上的教程，或者电话的技术支持等形式进行。这样的培训和支持不仅可以帮助他们理解和掌握新的技术和产品，也可以增强他们的自信心，使他们更愿意尝试和接受新的事物。

二、个性化服务能够提供更符合老年人需求的信息

个性化服务在满足老年人信息需求上有着巨大的潜力。它能够准确抓取老年人的信息需求，然后通过直观易懂的方式展示信息，让他们更快更准确地理解信息内容。同时，个性化服务提供了方便的信息获取途径，无论是在家还是在公共场所，老年人都能轻松获取所需信息。而且，个性化服务还能提供多元化的信息类型，包括生活、娱乐、健康等各种类型，满足老年人的多元化需求。

（一）个性化服务可以更准确地抓取老年人的信息需求

社区老年人的信息需求并非一成不变，他们可能对健康信息、新闻事件、生活技巧等各种信息都有不同程度的需求。个性化服务就如同一个精准的"信息过滤器"，它能够精准地抓取每个老年人的信息需求，根据他们的需求提供相应的信息。例如，对于那些对健康信息特别关心的老年人，个性化服务可以主动推送健康饮食、适合老年人的运动等相关信息；对于那些关心新闻事件的老年人，个性化服务可以定时为他们更新最新的国内外新闻。这样的服务让老年人不需要再在大量的信息中寻找他们感兴趣的内容，而是可以更加方便高效地获取信息。

（二）个性化服务可以提供更直观易懂的信息展示方式

个性化服务充分考虑到社区老年人的视力和认知能力可能不如年轻人。为

了帮助老年人更好地理解信息，个性化服务采用了一系列针对他们特殊需求的设计策略。其中之一便是使用更大的字体，确保文字清晰可见。老年人可能面临视力下降的问题，因此使用更大的字体可以让他们更容易辨认文字内容，减少阅读的困难。

在这里，个性化服务还采用更鲜明的颜色来展示信息。通过使用饱和度高、对比度明显的颜色，可以使信息更加醒目突出，提高老年人的注意力和识别能力。鲜明的颜色可以有效地引导老年人的视线，使他们更容易捕捉到重要的信息，避免信息的遗漏和误解。除了字体和颜色的优化，个性化服务还利用图表和图像来呈现信息。相较于纯文字的表述，图表和图像能够更直观地传达信息，帮助老年人更好地理解和记忆。通过使用简单明了的图表和图像，个性化服务将抽象的信息转化为可视化的形式，让老年人能够通过直观的图示直接获取所需的信息，降低信息理解的难度。可以说，个性化服务就像是给老年人提供了一副"信息眼镜"，通过使用更大的字体、更鲜明的颜色以及直观的图表，让他们能够更清晰地看到信息。这样一来，老年人不再需要费尽心思去解读模糊、难以辨认的文字和图表，大大降低了他们获取信息的难度，提高了他们的信息获取效率。

（三）个性化服务可以提供更方便的信息获取途径

为了满足社区中不同老年人的需求，个性化服务提供了多种信息获取渠道，包括手机应用、电视、报纸等。这就像是为他们铺设了一条条"信息高速路"，让他们可以根据自己的情况选择最方便的方式来获取信息。不同的老年人可能有不同的偏好和习惯，有些人习惯使用手机应用，而有些人则更喜欢通过电视或报纸获取信息。通过提供多样化的信息获取渠道，个性化服务确保了老年人可以根据自己的需求和喜好选择最合适的途径。

个性化服务还考虑到老年人的特殊需求，提供了多种便捷的输入方式，如语音输入和手写输入。老年人可能面临使用键盘或触摸屏幕的困难，而语音输入和手写输入可以更加方便地进行文字输入和搜索。通过使用这些便捷的输入方式，个性化服务让老年人能够更自如地与智能设备进行交互，轻松地获取所需的信息。它不仅提供多种信息获取渠道，同时也提供了适应老年人需求的输入方式，让老年人可以自由选择和使用最适合自己的方式获取信息。这样

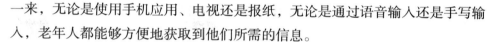

一来，无论是使用手机应用、电视还是报纸，无论是通过语音输入还是手写输入，老年人都能够方便地获取到他们所需的信息。

（四）个性化服务可以提供更多元化的信息类型

个性化服务不仅可以为广大社区老年人提供文字信息，还提供音频、视频、图片等多种信息类型，以满足老年人的不同需求。这就像是为他们打开了一扇扇"信息之窗"，让他们可以通过不同的媒介形式获取信息。老年人可以选择观看教育视频来学习新知识，收听音频节目获取新闻和故事，浏览图片展示来了解旅游景点。这样的多元化信息类型满足了老年人对信息的多样化需求，让他们在获取信息时有了更多的选择和灵活性。

个性化服务在提供更符合老年人需求的信息方面发挥着重要的作用，它准确抓取老年人的信息需求，提供直观易懂的信息展示方式，提供方便的信息获取途径，并提供多元化的信息类型。这样的服务使得老年人在信息获取的过程中更加便利、高效，不再感到困惑和被淹没。它让老年人能够根据自己的兴趣和需求定制所需的信息，使他们在信息社会中能够获得更多的知识，参与更广泛的社交活动，享受到更多的文化娱乐，提高生活质量和幸福感。

三、个性化服务能够提供更符合老年人需求的互动方式

（一）个性化服务能够针对老年人的生理特点和习惯，提供更适合他们的互动方式

在老年人群体中，生理特点和习惯的差异性极大，为此，个性化服务成为满足他们需求的关键。以视力为例，随着年龄的增长，老年人的视力往往会出现下降，对于字体大小、对比度等视觉要素的需求不同于年轻人。此时，个性化服务就能够在产品设计上进行针对性调整，如提供字体大小调整功能，优化背景色彩和对比度，使得老年人在使用互联网产品时不会感到视觉疲劳。再以手指灵活度为例，随着年龄的增长，老年人的手指灵活度会下降，对屏幕的滑动、点击等操作可能会感到困难。此时，个性化服务能够通过优化操作流程，比如增加按钮的大小、减少复杂的滑动操作，甚至提供语音指令功能，让老年人能够更容易地操作互联网产品。

（二）个性化服务可以提供多种互动方式，满足老年人的不同需求

老年人可能对某些互动方式有特别的喜好，比如更喜欢语音交互或者视频交互。个性化服务能够根据老年人的这些喜好和需求，提供最适合他们的互动方式。对于一些老年人来说，语音交互是一种更加便捷和轻松的互动方式。通过语音交互，他们可以通过说话来与智能设备进行交流，而无须大量阅读和输入文字。这对于视力有障碍或键盘输入不熟悉的老年人来说尤为重要。个性化服务可以提供语音识别和语音指令等功能，使老年人能够通过语音进行搜索、发送消息、控制设备等操作，提高他们与智能设备的互动效率和便利性。

视频交互也是一种受老年人欢迎的互动方式。通过视频交互，老年人可以看到对方的面孔，与家人、朋友或其他人进行面对面的沟通。这种亲切感和安全感对于老年人来说非常重要，尤其是对那些生活在远离家人的老年人而言。个性化服务可以提供视频通话功能，让老年人可以随时与亲友进行实时的视觉交流，减少孤独感和增强社交互动。除了语音交互和视频交互，个性化服务还可以根据老年人的喜好和需求，提供其他形式的互动方式。例如，通过提供游戏和娱乐应用，老年人可以在轻松愉快的氛围中进行互动。这样的互动方式不仅能够娱乐老年人，还可以促进他们的认知能力和社交活动。

（三）个性化服务可以提供更深度的社交互动，满足老年人的社交需求

退休后的老年人常常面临孤独感，他们渴望与家人、朋友和社区的其他成员进行互动。个性化服务通过提供各种社交功能，如社区通信、活动分享、在线聊天等，帮助老年人更好地满足这些需求。

社区通信是个性化服务中的一项重要功能。通过社区通信功能，老年人可以与社区的其他成员进行交流和互动，了解社区的动态和活动安排。这样的互动可以让他们感受到社区的温暖和关爱，建立起与其他居民的联系和友谊。社区通信不仅帮助老年人获取重要信息，还为他们提供了参与社区事务的机会，增强了他们的社区归属感。活动分享也是个性化服务中的一项重要功能。通过活动分享功能，老年人可以分享自己的兴趣爱好和日常生活，与他人交流和互动。他们可以分享自己参加的社交活动、旅行经历、家庭故事等，与家人和朋友共享快乐和回忆。这种社交互动可以促进老年人与亲友之间的情感交流，减轻他们的孤独感。

另外，个性化服务还提供在线聊天等功能，让老年人能够随时与家人、朋友和其他人进行实时的交流。无论是通过文字、语音还是视频，老年人都可以方便地与亲友进行互动，分享彼此的生活和情感。这种即时的社交互动能够弥补时间和地域上的限制，让老年人感受到更多的关爱和陪伴。

（四）个性化服务可以为老年人提供更多的学习和辅助资源，帮助他们更好地适应和使用新技术

个性化服务为老年人提供了丰富的学习和辅助资源。面对日新月异的互联网技术，老年人可能会感到困惑和不安。这时候，个性化服务就可以提供各种教学资源和技术支持，帮助他们更好地理解和使用新技术，提升他们的技术自信心，使他们能够更好地利用互联网资源，从而提升生活质量。

以在线教程为例，个性化服务可以根据老年人的学习节奏和理解能力，提供适合他们的教程内容和学习方式。这些教程可以是文字、图片、视频或者语音，可以按照他们的喜好和需要进行选择。通过这种方式，老年人可以在舒适的环境中，以自己的节奏掌握新的技术知识，增强对互联网技术的掌握和理解。

技术支持也是个性化服务的重要组成部分。遇到使用问题时，老年人可能不知道如何寻求帮助，或者在网络上搜索答案可能会感到困难。这时，个性化服务可以提供一键式的技术支持，帮助他们解决问题。这种服务可以是电话、在线聊天或者远程协助，可以根据他们的需求和舒适度进行选择。这样，老年人在使用互联网产品时，不仅不用担心遇到问题，而且有足够的信心和勇气去尝试新的功能和服务。

在全面实现个性化的过程中，需要先理解老年人对技术的特殊需求和挑战。老年人在接触新技术时可能会遇到认知和物理方面的挑战，如对新概念的理解难度和对小字体或复杂界面的适应困难。因此，个性化服务应考虑到这些因素，采用简洁明了的教程和界面设计，确保易于理解和操作。之后则要设计个性化的学习资源，这一点至关重要，如为老年人量身定做的在线教程应考虑到他们的学习速度和理解能力。这些资源可以是文字、图像、视频或音频格式，以适应不同个体的学习偏好。重点在于提供灵活性和选择性，使老年人可以根据自己的节奏和兴趣来学习新技术。

为了进一步提升这些服务的有效性，可以集成反馈和调整机制。这意味着，在老年人使用这些服务的过程中，系统能够根据他们的进展和偏好进行调整，以提供更加合适的学习材料和支持。同时针对可能出现的技术难题，提供即时、易于获取的帮助至关重要。这可以是电话支持、在线聊天或远程协助等形式，应根据老年用户的喜好和舒适度来选择适当的服务方式，确保他们在使用互联网产品和服务时，即使遇到困难，也有足够的信心和支持去解决问题。为了确保个性化服务的成功实施，需进行持续的评估和改进。这包括收集用户反馈、监测使用情况和定期更新内容，以确保服务始终符合老年人的需求和期望。

第三节　媒介素养提升：增强"数字反哺"功能

老年人作为社会中的特殊群体，为其能够适应当今时代大环境显然是全社会共同的任务与使命，为之提供大力支持无疑是全社会的一项义务。对此，在进行社区老年人智能技术应用教育的过程中，要全面提升其媒介素养，切实增强"数字反哺"功能。

一、"数字反哺"功能的定义及意义

"数字反哺"一词是当下比较流行且引起了各界广泛讨论的热点词汇。"数字反哺"这个词语由"文化反哺"一词发展演变而来。"文化反哺"，又称反向社会化（逆向社会化），源自美国人类学家玛格丽特·米德（Margaret Mead）于1987年在《文化与承诺：一项有关代沟问题的研究》中提出的"后喻文化"一词，指的是传统的受教育者（即晚辈）反过来影响施教者（即长辈），向他们传授知识、价值观和社会规范的反向社会化过程[①]。

"数字反哺"，这一概念的内涵远超出人们对数字技术的传统理解。数字工具的更新、数字化应用的深入渗透、数字化浪潮的来袭无不将年青一代与年老

---

① 玛格丽特·米德.文化与承诺：一项有关代沟问题的研究［M］.周晓虹，周怡，译.石家庄：河北人民出版社，1987：7.

一代之间的差距进一步拉大，且这些新技术、新领域赋予了年青一代前所未有的反哺能力。新媒体环境下的文化反哺便有了新的维度——数字化新媒体的反哺，即"数字反哺"。代际之间围绕着新媒体采纳与使用展开的互动，尤其是年青一代对年长一代在新媒体技能、知识以及与之相关的流行文化和价值观的反哺（即"数字反哺"），为数字鸿沟的消融创造了机遇。可以说，现代社会的代际鸿沟，在很大程度上表现为数字代沟，而与之相对应的文化反哺，则主要是通过数字反哺来实现的[①]。

（一）"数字反哺"功能的定义

在"银色数字鸿沟"领域中，"数字反哺"功能可以理解为通过数字技术的创新和发展，不仅服务于老年人群，同时也通过老年人群对这些技术的反馈和体验，去进一步优化和改善数字技术本身，以实现更好的适应性和普适性。

（二）"数字反哺"功能的意义

"数字反哺"功能的实质在于倡导数字生态的互动、循环和共享。这其中涵盖了对数字技术的优化和改进，通过反馈机制，让技术更好地满足用户需求和习惯。同时，也包含了对数字理念的反思和提升，以期构建公正、开放的数字环境。不仅如此，"数字反哺"也体现了对社会责任的担当和实践，让每个人都有机会在数字化进程中发出自己的声音，参与公共事务。更为重要的是，"数字反哺"有助于人们更深入地提升和拓展对人性的理解，让人们更好地理解人在数字时代的需求和挑战。这些元素共同构成了"数字反哺"功能的深远意义。

1. 对数字技术的优化和改进

在银色数字鸿沟领域，"数字反哺"功能体现在对数字技术的优化和改进上。例如，针对老年人群的特殊需求，开发者会设计出更为简单易用的界面、更为人性化的功能、更为精准的服务。这样，不仅能够提高老年人群对数字技术的使用频率，同时也能够改善他们的使用体验。这种优化和改进过程是一个反复迭代的过程。通过收集和分析用户反馈，开发者可以持续改进产品，以满

---

① 周裕琼. 当老龄化社会遭遇新媒体挑战——数字代沟与反哺之学术思考［J］. 新闻与写作，2015（12）：53-56.

足用户的新需求和期望。在这个过程中，数字技术得到了优化和改进，也使得老年人群能更好地享受到数字技术带来的便利，从而缩小了银色数字鸿沟。这种优化和改进的过程也推动了数字技术的创新。在面对老年人群的特殊需求时，开发者需要寻找新的解决方案，这可能会引发新的技术突破和创新。因此，"数字反哺"功能不仅有利于改善老年人群的生活，也有利于推动数字技术的发展。

2. 对数字理念的反思和提升

在银色数字鸿沟领域，"数字反哺"功能也体现在对数字理念的反思和提升上。在面向老年人群的服务中，人们必须重新思考数字化、智能化的价值和意义，应该以人为本，关注用户的真实需求，而不仅仅是追求技术的新颖和先进。这种反思和提升的过程，使学者们对数字化和智能化有了更深入的理解。学者们开始认识到，数字化和智能化不仅是一种技术手段，还是一种服务理念。学者们应该用它们来改善人们的生活，提高生活质量，而不仅仅是追求技术上的新颖和先进。这种反思和提升的过程，也使学者们或工作人员对用户有了更深入的理解。应该开始认识到，用户是工作人员的合作伙伴，而不仅仅是消费者，应该尊重他们的需求和期望，与他们共同创造价值，而不仅仅是满足他们的消费需求。

3. 对社会责任的担当和实践

在银色数字鸿沟领域，"数字反哺"功能还体现在对社会责任的担当和实践上。作为数字技术的开发者和运营者，工作人员有责任关注所有用户，包括老年人群，关注他们的需求和困惑，提供符合他们需求的产品和服务。这是每一位工作人员的社会责任，也是工作人员的商业责任。在这个过程中，工作人员不仅可以提高产品和服务的质量及影响力，同时也可以实现社会价值，实现"数字反哺"功能。在此过程中，可以通过提供优质的产品和服务，改善老年人群的生活质量，提高他们的幸福感。同时，也可以通过改善老年人群的生活，提高社会的和谐程度，促进社会的稳定和发展。

4. 对人性理解的提升和拓展

在银色数字鸿沟领域，"数字反哺"功能还体现在对人性理解的提升和拓展上。通过观察和理解老年人群的行为和需求，可以深入理解人性，从而在设计和开发数字产品时，更好地融入人性化的元素，提升产品的亲和力和实用性。这种对人性理解的提升和拓展，不仅可以帮助工作人员设计出更符合用户需求的产品，也可以帮助工作人员更好地理解和服务用户。这样不仅可以更好地理解用户的需求和期望，还能更好地满足他们的需求，提高他们的满意度和忠诚度。同时，这种对人性理解的提升和拓展，也可以帮助工作人员更好地理解和应对社会的变化，提高社会的满意度和认同感。

二、"数字反哺"功能在媒介素养提升中的作用

"数字反哺"功能在媒介素养提升中发挥着重要作用，特别是对于老年人群体而言。在这个过程中，可以通过多途径来支持和帮助老年人。例如，帮助他们学习和提升数字技能，让他们更自如地应对数字时代的挑战；打破信息获取的壁垒，让他们能够平等地获得丰富的信息资源；为他们提供更多社交与互动的机会，让他们在数字社会中保持与外界的联系；通过提供健康管理和照护服务，关注他们的生活健康；提升他们参与社区治理的能力，让他们在社区中发挥积极作用。这些努力将共同推动老年人媒介素养的全面提升，为他们在数字时代创造更好的生活品质。

（一）促进老年人数字技能的学习与提升

在消除银色数字鸿沟的过程中，"数字反哺"功能在促进老年人数字技能学习与提升方面发挥了重要作用。当前，智能技术在社区的广泛应用为老年人提供了学习数字技能的机会。例如，社区中的自助服务终端、健康管理设备等，都需要老年人掌握一定的操作技能。在使用过程中，他们不仅可以学到新的技能，也能通过实践加深对已有技能的理解。

与此同时，智能技术的设计者和运营者也开始重视老年人的使用体验，通过"数字反哺"功能，他们根据老年人的使用反馈，优化产品设计，使之更符合老年人的操作习惯。例如，他们会设计更大的字体、更明显的提示、更直观的操作界面等。这些改进不仅降低了老年人学习数字技能的难度，也提高了他们的学习效率。

（二）打破老年人信息获取的壁垒

对于老年人来说，获取信息的壁垒是他们面临的一个重要问题。他们可能

因为技术不熟练、视力不佳等原因，无法有效地获取信息。"数字反哺"功能在这方面发挥了重要作用。通过优化信息的展示方式、提供语音输入输出等功能，智能技术使得老年人能够更方便地获取信息。

除此之外，智能技术也提供了一种新的信息传播方式。例如，社区中的公共屏幕、智能音箱等设备，可以定时播放新闻、公告等信息，方便老年人获取。在这个过程中，老年人不仅能够获取信息，也能够通过反馈提升自己的媒介素养。

（三）促进老年人社交与互动

社交是老年人生活的重要组成部分。然而，由于身体条件、居住环境等原因，老年人的社交活动往往受到限制。"数字反哺"功能在这方面发挥了重要作用。智能技术，如社交软件、视频通话工具等，为老年人提供了新的社交方式。他们可以通过这些工具与家人、朋友进行远程交流，参与线上活动，拓宽社交范围。

另外，这些工具也为老年人提供了表达自己、分享经验的平台。他们可以通过发布动态、发表评论等方式，参与到社区生活中，实现自我价值。在这个过程中，老年人不仅能够满足社交需求，也能够提升自己的媒介素养，实现数字反哺功能。

（四）提供老年人健康管理和照护服务

健康是老年人生活的重要关注点。智能技术在这方面发挥了重要作用。例如，智能手环、健康管理应用等，可以帮助老年人监测身体状况，管理健康数据。在这个过程中，老年人可以学到如何使用这些工具，提升自己的数字技能。

这些工具还可以帮助老年人更好地了解自己的身体状况，提高他们的健康意识。例如，他们可以通过查看数据，了解自己的心率、血压等指标是否正常，从而及时调整生活方式，保持健康。在这个过程中，老年人的健康素养也得到了提升。除此之外，智能技术还可以提供远程照护服务。例如，通过智能设备，医护人员可以远程监控老年人的身体状况，及时提供医疗建议。这不仅可以解决老年人就医困难的问题，也可以提高医疗服务的效率和质量。

（五）提升老年人参与社区治理的能力

社区治理是社区发展的重要组成部分。老年人作为社区的重要成员，他们的参与对于社区治理具有重要意义。然而，由于信息获取难、操作困难等问题，老年人的参与度往往较低。"数字反哺"功能在这方面发挥了重要作用。还有一方面不可否认，智能技术（如在线投票系统、社区论坛等）能够为老年人参与社区治理提供新的方式。他们可以通过这些平台，了解社区的新闻、活动等信息，表达自己的意见和建议。在这个过程中，老年人不仅能够参与到社区治理中，也能够提升自己的媒介素养。这些平台也为老年人提供了互动的机会，他们可以通过评论、投票等方式，与其他社区成员进行交流，分享自己的经验和观点。这不仅能够增进老年人之间的互动，也能够提高社区的凝聚力。

为了有效实现"数字反哺"功能，工作人员首先要深刻意识到老年人的特定需求是实现"数字反哺"的基础，考虑到老年人在技术使用上可能面临的障碍，如视觉、听力限制或对新技术的陌生感，社区应设计易于使用且符合老年人需求的数字工具和平台。例如，使用大字体、简单界面的应用程序和设备能够降低使用难度，增强其接受度。其次要为社区老年人提供定制化的数字教育和培训，通过举办工作坊、课程和讲座，可以教授老年人如何使用智能手机、计算机、社交媒体等。其中，培训内容应注重实用性，如如何进行在线购物、使用健康监测应用、访问政府服务等。培训方式应考虑到老年人的学习速度，采用简明扼要的说明和充足的实践机会。

在此基础上，社区还应鼓励老年人参与数字内容的创建和分享。这不仅能提高他们的媒介素养，还能增强社区内的互动和参与感。例如，可以鼓励他们记录和分享日常生活、经验教训或历史见证等，这不仅丰富了社区的数字内容，也让他们在这个过程中学习新技能。与此同时，社区工作者应该提供技术咨询服务。遇到技术问题时，老年人应该能够轻松获得帮助，无论是通过电话热线、社区中心的帮助台还是在线支持。快速而有效地解决问题，将增加老年人使用数字技术的信心。为了保证"数字反哺"策略的有效性，社区应定期评估和调整其方法和内容。通过收集反馈、监测参与度和成果，不断优化提供的服务和资源，以确保它们始终符合老年人的需求和兴趣。

第四节　社会人文关怀：有效消解社区老年人对数字时代的刻板印象

老年人作为社会人群的重要组成部分，全面提升其综合素养也是确保社会健康发展与进步的关键所在。然而，在当今社会中，老年人对数字时代往往存在着刻板印象，普遍会认为数字技术复杂难懂，或者认为自己年纪大了，学不会新技术。这些刻板印象在一定程度上限制了老年人接触和学习数字技术的积极性，加深了他们与数字时代的鸿沟。基于此，有效消解老年人对数字时代的刻板印象，是消除银色数字鸿沟的重要手段。在这个过程中，社会人文关怀发挥了重要作用。

一、尊重老年人的感受，理解老年人对新事物的恐惧和困惑

在探讨如何通过社会人文关怀来消解社区老年人对数字时代的刻板印象时，尊重他们的感受、理解他们对新事物的恐惧和困惑是至关重要的。

（一）尊重老年人的感受是消除银色数字鸿沟的基础

尊重老年人的感受是消除银色数字鸿沟的基础，因为老年人的生活经验丰富，他们的价值观和需求深深植根于这些经验之中。对于这个群体来说，数字化可能既带来机会，也带来挑战。在数字时代，智能手机等新技术为老年人带来了全新的世界，充满了无限可能。然而，对于许多老年人来说，学习如何使用这些新技术可能是一项艰巨的任务。他们可能会感到困惑、不安甚至恐惧。因此，每一个人都需要理解和尊重老年人的感受，才能有效地帮助他们适应这个数字时代。为了满足老年人的需求，每一个人都需要进行深入的交流和倾听。通过与他们建立真正的沟通，工作人员可以了解他们对新技术的态度、期望和担忧。只有通过倾听他们的心声，工作人员才能真正了解他们面临的挑战和困惑。

通过深入理解老年人的需求和期望，有关工作人员可以提供最恰当的支持和指导。工作人员需要将自己置身于他们的角度，设身处地地去思考他们的需求和痛点。例如，可以提供简单明了的操作指南，帮助他们逐步学习和掌握新技术

的使用方法。也可以提供培训课程和工作坊，让老年人有机会亲自体验和实践。通过这样的方式，可以帮助老年人理解和接受新技术，提升他们的数字素养。

（二）理解老年人对新事物的恐惧和困惑是消除银色数字鸿沟的关键

老年人常常面临对新事物的压力，他们可能担心自己无法适应新技术，或者担心新技术会对他们的生活产生不可预测的改变。对于老年人来说，网络安全问题可能是他们关注的一个重点。他们可能担心自己的个人信息会被盗取或滥用，或者担心自己的隐私可能会受到侵犯。这种担忧是合理的，应该理解并尊重他们的担忧，而不是批评或否定。作为支持者和引导者，工作人员需要帮助他们克服这些恐惧和困惑，让他们更加安心地使用新技术。为了帮助老年人克服恐惧和困惑，有关工作人员可以提供更多的教育资源。例如，可以教授老年人如何保护自己的在线安全，包括使用强密码、警惕网络钓鱼、安装安全软件等。通过提供这些教育资源，可以增加老年人对网络安全的认知和知识，提升他们保护自己的能力。

另外，工作人员还可以提供简单易懂的指南和教程，帮助老年人理解新技术。这些指南和教程应该以老年人容易理解的方式呈现，避免使用过于专业的术语和复杂的说明。通过提供简洁明了的指南，可以帮助老年人更好地理解新技术的功能和用途，减轻他们的困惑。在这个过程中，目标是帮助老年人建立自信，使他们能够在数字时代中自信地生活。通过尊重他们的感受，理解他们对新事物的恐惧和困惑，工作人员可以提供恰当的支持和引导，帮助他们逐步适应和接受新技术。只有通过这样的努力，工作人员才能真正消除银色数字鸿沟，让老年人享受到数字时代带来的便利和乐趣。

（三）提供各种实用的服务是提升老年人新技术接受度的重要途径

提供各种实用的服务可以帮助老年人更好地接受和利用新技术。这些服务应该根据他们的需求和兴趣定制，以确保他们在使用新技术的过程中能够感受到其带来的便利和乐趣。例如，可以提供在线购物和支付服务，帮助他们更轻松地完成日常任务；也可以提供在线学习和远程教育服务，帮助他们继续学习和发展；还可以提供音乐、影视、游戏等娱乐服务，帮助他们在闲暇时间中找到乐趣。在提供这些服务的过程中，其目标不仅是满足老年人的基本需求，更是要激发他们的学习兴趣，提升他们的学习动力，使他们能够更积极地参与到数字化生活中来。

二、关心老年人的学习需求，提供适合老年人的学习资源和环境

关心老年人的学习需求，以及为他们提供适合的学习资源和环境，是消除银色数字鸿沟的重要途径。对于社区来说，不能忽视老年人这一特殊群体对数字化时代的学习需求，他们对于新科技、新知识的渴望，以及他们在学习过程中可能遇到的困难。

（一）提供适合老年人的学习资源是消除银色数字鸿沟的重要手段

当谈论如何为老年人提供适合的学习资源时，工作人员需要深入了解他们的学习需求和习惯。老年人在面对新事物时，可能会有一种自我怀疑的心态，因为他们可能不确定自己是否能够掌握新的技能或知识。这种自我怀疑的心态可能会影响他们的学习效率和接受度。为了克服这种心态，工作人员需要提供一种具有针对性的、个性化的学习资源。这些资源应该以实践为导向，以他们的生活经验为基础，以他们的实际需求为目标。

工作人员还可以提供各种形式的学习资源，如使用手册、视频教程、在线课程等。使用手册应该包含详细的步骤和清晰的图示，以便老年人能够轻松地理解和操作。视频教程应该包含直观的演示和慢速的讲解，以便老年人能够清楚地看到操作过程和理解操作原理。在线课程应该包含互动的元素和个性化的内容，以便老年人能够根据自己的学习进度和学习风格进行学习。

为老年人提供适合的学习资源不仅可以帮助他们掌握新的技能和知识，还可以提高他们的自信心和自尊心。当他们看到自己可以成功地使用新的技术，他们会感到自己是有能力的、有价值的。这种感觉可以帮助他们克服对新事物的恐惧和困惑，可以帮助他们更好地适应数字时代。

（二）提供适合老年人的学习环境是消除银色数字鸿沟的关键策略

提供适合老年人的学习环境是一种关怀和尊重的体现。老年人在学习过程中可能会遇到各种困难，如视力下降、记忆力减退、反应速度减慢等。这些困难可能会影响他们的学习效果和学习兴趣。为了帮助他们克服这些困难，工作人员需要提供一种符合他们特点和需求的学习环境。这种学习环境应该包括舒

适的物理环境和友好的社交环境。物理环境应该包括安静的空间、适合的设备、易用的工具等。例如，可以提供带有大字体和高对比度的显示器，以便老年人能够清楚地看到内容。工作人员可以提供带有简单操作界面和清晰指示的学习工具，以便他们能够顺利进行操作。友好的社交环境应该包括支持的教师、友好的同学、鼓励的氛围等。例如，可以定期组织交流活动，让老年人可以分享他们的学习经验，可以互相帮助，可以互相鼓励。这种社交环境可以帮助他们克服学习过程中的困难和挫折，可以提高他们的学习积极性和持久性。

（三）提供老年人社区智能技术应用服务在消除银色数字鸿沟中发挥着重要作用

社区智能技术应用服务在消除银色数字鸿沟中起着重要的作用。这些服务为老年人提供了各种实用的技术解决方案，帮助他们解决生活中的问题，提高生活质量。这些服务通过实用和有趣的方式，让老年人看到新技术的价值和意义，从而帮助他们理解和接受新技术。

智能家居是一个很好的例子。通过智能家居，老年人可以轻松地控制家中的各种设备，如灯光、温度、音乐等。他们可以通过语音命令或手机应用来操作这些设备，而不需要进行复杂的设置或操作。这种便利性可以让他们感到新技术是有用的，是值得学习的。

在线医疗服务是另一个例子。通过在线医疗服务，老年人可以在家就能获取专业的医疗建议。他们可以通过视频通话与医生交谈，可以通过远程监测系统让医生了解他们的健康状况。这种便利性和安全性可以让他们感到新技术是可信的，是值得信赖的。

远程教育是第三个例子。通过远程教育，老年人可以在家就能接受高质量的学习。他们可以通过在线课程学习新的知识和技能，可以通过在线考试检验自己的学习成果。这种灵活性和高效性可以让他们感到新技术是有意义的，是值得投入的。通过这些社区智能技术应用服务，工作人员不仅可以满足老年人的实际需求，也可以帮助他们理解和接受新技术，从而消除他们对数字时代的刻板印象。

三、关心老年人的学习困难，提供有效的帮助和支持

面对老年人的学习需求和困难，工作人员需采取更加深入和具体的方式给

予关注。通过了解他们的学习需求，可以更清晰地发现他们在学习过程中可能遇到的难题。而这些难题，正是工作人员提供帮助和支持的切入点。针对他们的困难，工作人员可以设计出更有针对性的帮助和支持，帮助他们克服学习过程中的难题。此外，通过社区智能技术的应用，能够为广大老年人提供各种实用和便利的服务，从而使他们在学习中获得更多的帮助和支持。

（一）深入了解和关注老年人的学习需求可以找出老年人的学习困难

了解和关注老年人的学习需求是一项艰巨的任务，但却至关重要。老年人的知识结构、生活经验以及学习能力都与年青一代存在显著差异，这使他们在学习新技术时面临多重困难。当面对新技术时，他们会感到无所适从，因为新技术的复杂性超出了他们的理解范围，所以也会对新技术的操作过程感到困惑。这样，由于老年人缺乏实际操作的机会，导致其始终无法将理论知识转化为实际技能。这些困难可能会阻碍他们的学习进程，甚至打击他们的学习信心，使其对新技术产生负面的看法。正因如此，通过深入了解和关注老年人的学习需求，工作人员可以找出他们面临的学习困难，为他们提供更具针对性的帮助和支持。

（二）根据老年人的学习困难可以提供有针对性的帮助和支持

找出老年人的学习困难后，工作人员可以根据这些困难为他们提供有针对性的帮助和支持。例如，对于那些感到新技术太复杂的老年人，工作人员可以简化教学内容，使用更直观、更易于理解的方式来解释新技术。通过使用他们熟悉的语言和概念，将复杂的新技术理论转化为他们能够理解的信息，使他们能够更容易地掌握新技术。对于那些感到新技术的操作过程太烦琐的老年人，可以提供更简单、更方便的操作工具，提供更详细、更具体的操作指导；还可以提供定制化的教程和工具，从而简化他们的学习过程，减轻他们的学习压力。对于那些缺乏实际操作机会的老年人，可以提供更多的实践机会，组织更多的实践活动。通过这种方式，他们可以在实践中学习，将理论知识转化为实际技能。

（三）老年人社区智能技术应用可以为广大老年人提供各种实用和便利的服务

老年人社区智能技术应用在消除银色数字鸿沟中发挥着重要作用。这些应用提供了各种实用和便利的服务，帮助老年人更好地理解和使用新技术。例如，智能家居服务可以让老年人在家里轻松控制各种设备，这大大降低了他们使用这些设备的技术门槛，使他们能够更自由、更方便地享受现代生活的便利。在线医疗服务可以让老年人在家里获得专业的医疗建议，这既保障了他们的健康，又使他们能够直观地体验到新技术在医疗保健方面的应用，从而提高他们对新技术的接受度。远程教育服务可以让老年人在家里接受高质量的学习，这使他们可以在舒适的环境中进行自我提升，提高他们的生活质量。

四、社会各界的共同参与，为老年人提供社区智能技术应用服务

在老年人社区智能技术应用服务的推动中，社会各界的共同参与起着不可或缺的作用。政府部门发挥着重要的推动力，制定政策，优化环境；企业机构和科研单位则致力于新产品的研发，将最新的科技成果转化为实际应用；社区组织和志愿者团队则紧密联系老年人的生活，推动技术应用的实施进程；家庭成员则提供最直接的帮助，让老年人的技术应用效果更加趋于理想化。这种多元的合作模式，将更好地推动老年人社区智能技术应用服务的发展。

（一）政府部门在老年人社区智能技术应用中发挥关键的推动作用

政府部门对老年人社区智能技术应用的发展起到了关键的推动作用。政府部门可以通过制定相关政策和措施来推动社区智能技术应用的普及和发展。具体来说，政府可以提供资金支持，激励和引导企业和科研单位研发适合老年人使用的智能技术产品。例如，提供研发基金，以减轻企业和科研单位的研发成本压力。此外，政府可以推动立法，保护老年人在使用智能技术应用时的权益，防止他们在使用过程中受到不公平的待遇，如数据隐私的侵犯、信息安全的威胁等。同时，政府可以组织培训活动，提高老年人的数字素养，提高他们使用智能技术的能力和效率。例如，定期举办公开课或讲座，教授老年人使用各种智能设备的基本操作。

（二）企业和科研单位是推动老年人社区智能技术应用的主力军

企业和科研单位是推动老年人社区智能技术应用的主力军。企业和科研单位通过研发适合老年人使用的智能技术产品，来满足老年人的实际需求，推动

老年人社区智能技术应用的普及。在研发过程中，企业和科研单位可以根据老年人的特点和需求，研发具有简单操作、易于理解、服务全面的智能技术产品，减少老年人在使用过程中的困难；可以通过用户反馈和用户调研，了解老年人对智能技术产品的满意度和需求，对产品进行优化和改进；还可以通过与社区组织、志愿者团队、家庭成员等合作，推广智能技术产品，提高老年人使用智能技术产品的比例。

（三）社区组织和志愿者团队在老年人社区智能技术应用中的桥梁和纽带作用

社区组织和志愿者团队在推广和实施老年人社区智能技术应用中，起到了桥梁和纽带的作用。社区组织和志愿者团队了解老年人的生活状况和需求，能够将老年人的声音传达给政府部门、企业机构和科研单位；熟悉社区环境，能够为老年人提供便利的智能技术应用服务；具有亲和力，能够帮助老年人克服对新技术的恐惧和抵触，提高他们使用智能技术的信心和兴趣。例如，志愿者可以在社区设立智能技术应用的体验区，定期举办智能技术的展示活动，让老年人有机会近距离接触和体验新技术，从而提高他们对新技术的理解和接受度。社区组织可以定期举办针对老年人的智能技术学习班，通过实际操作和互动式学习，帮助老年人掌握新技术的使用方法。

（四）家庭成员在老年人社区智能技术应用中也起着举足轻重的作用

家庭成员在老年人社区智能技术应用的推广和实施中，起着举足轻重的作用。家庭成员与老年人的关系最为密切，能够在日常生活中为老年人提供最直接、最实际的帮助和支持。家庭成员可以陪伴老年人学习和使用智能技术产品，给他们提供耐心的指导和鼓励。例如，子女在教授老年人使用智能手机、电脑等设备时，可以根据他们的理解和接受能力，调整教学步骤和方式，以确保他们能够真正掌握使用方法。此外，家庭成员可以观察老年人使用智能技术产品的情况，了解他们遇到的问题和困难，及时提供解决方案或寻求专业的帮助。家庭成员也可以在老年人与智能技术产品的互动中，传递积极的信息和情绪，帮助老年人建立对新技术的积极态度和信心。

第四章 老年人社区智能技术应用教育载体的探索

在老年人社区智能技术应用教育的探索过程中，多种教育载体的建设和运用显得尤为关键。持续组织开展的社区"智慧助老"行动，为老年人提供了接触和学习智能技术的机会，让他们亲身感受到科技的便利。同时，开通的"定制化电信服务"暖心通道，能够为老年人提供更为贴心和便利的服务，让他们在享受科技带来的便利的同时，也能感受到社会的关怀。另外，还有一点不可否认的是：开设的老年人社区"玩转智慧"课程，让老年人有机会系统地学习和掌握智能技术，可以提升他们的科技素养。而建设的老年智能技术应用活动中心或体验基地，为老年人提供了实践和体验智能技术的平台。还有一方面需要高度重视，就是必须重视智能化的评估方式，让工作人员可以更精确地了解和提升老年人社区智能技术应用教育的效果。这些举措共同构成了探索老年人社区智能技术应用教育的重要载体。

第一节 持续组织开展社区"智慧助老"行动

社区"智慧助老"行动的持续开展，涉及多个方面的工作。一是技术普及课程的多元化，让老年人从多角度、多层面理解和掌握智能技术。二是定期的培训活动能够为老年人提供更多学习和实践的机会。三是互助学习平台的创设，将激发老年人学习的积极性，并提升学习效果。四是通过实践应用场景的搭建，让老年人能够将所学知识应用到实际生活中。五是通过智能技术的赋能，将使社区养老服务更加高效和人性化。

一、技术普及课程的多元化

技术普及课程的多元化涵盖了诸多方面。区域性普及活动使更多的老年人能够接触到智能技术；融合文化元素，让科技与生活更加贴近，使得学习过程更加生动有趣；专题研讨班则为老年人提供深入学习的机会；情景模拟教学使老年人更好地理解和掌握技术的应用；老年人成果展示让他们有机会分享学习成果，增强学习成就感；而多语种课程更是照顾到了不同语言背景的老年人，让他们都能顺利参与到学习中来。这些多元化的措施共同推动了技术普及课程的开展。

（一）区域性普及活动

在组织区域性普及活动时，可以考虑开展定期的技术讲座、操作演示和实践活动，以吸引更多老年人参与。此外，可以与当地的教育机构、企业或非营利组织合作，共同推广智能技术应用教育，扩大活动的影响范围。在活动中，关注老年人的反馈和建议，不断调整和优化课程内容，以提高教育效果。

（二）融合文化元素

在融合文化元素方面，可以邀请当地艺术家、文化工作者和民间艺人参与课程设计，将传统文化与智能技术相结合，打造独具特色的教育课程。例如，可以教授老年人使用智能设备进行传统手工艺制作、民间音乐欣赏和地方戏曲观看等。此外，还可以组织老年人参加文化交流活动，如展览、演出和讲座，让他们在学习智能技术的同时，感受到文化的魅力。

（三）专题研讨班

在开设专题研讨班时，可以根据老年人的实际需求，设置不同层次和难度的课程。例如，可以为初学者提供基础的智能设备操作和应用课程，而对于进阶学习者，则可以提供关于物联网、人工智能和大数据等领域的高级课程。同时，鼓励老年人分享他们在实际应用中的经验和故事，以促进相互学习和进步。

（四）情景模拟教学

情景模拟教学可以运用虚拟现实（VR）和增强现实（AR）等技术，为老年人提供身临其境的学习体验。例如，可以设计模拟购物、旅游和医疗等场景，让老年人在安全的环境中学习如何使用智能技术进行支付、导航和健康管理等。此外，还可以邀请专业讲师和志愿者提供现场指导和支持，确保老年人能够充分理解和掌握技术应用。

（五）老年人成果展示

在组织老年人成果展示活动时，可以设置不同的展示类别，如最佳创意应用、最具实用价值、最佳团队协作等，以激发老年人的参与热情和竞争意识。鼓励老年人将所学技术应用于实际生活，如改善家居环境、提高生活品质和帮助他人等。此外，可以邀请家庭成员、朋友和社区居民观看展示活动，以增强老年人的自信和成就感，进一步激发他们的学习热情。

（六）多语种课程

为满足不同语言背景老年人的需求，多语种课程可以聘请具备多语种教学能力的专业讲师，确保课程质量。在教学过程中，可以采用多媒体教学方式，如视频、动画和互动游戏等，以提高老年人的学习兴趣和参与度。同时，可以鼓励老年人在学习过程中互相帮助和交流，形成良好的学习氛围，促进多元文化交流。

二、定期组织培训活动

定期组织的培训活动，借助各种创新手段，打破了传统的教学框架。在这些活动中，工作人员可以看到独特的培训模式，比如小组讨论、角色扮演，以及与实际生活密切相关的案例学习。虚拟现实技术的引入，使得老年人可以身临其境地体验各种生活场景，更直观地理解和掌握技术的应用。人工智能的辅助教学，能够根据每个人的学习情况提供个性化的学习建议。社交媒体的利用，使得学习不再受制于时间和地点的限制，提高了学习的便利性。"以生活为课堂"的理念，让学习与实际生活紧密相连，使得所学知识更易于应用。建立的培训档案，可以记录和反馈每个人的学习进度和效果，有助于提高学习效率。

（一）创新培训模式

在创新培训模式方面，可以尝试引入游戏化学习和翻转课堂等教学方法。游戏化学习是一种通过设计有趣的游戏任务和挑战来激发老年人的学习兴趣和积极性的方法。通过将培训内容转化为游戏形式，老年人可以在愉快的氛围中学习新知识和技能。游戏化学习可以增加学习的趣味性和互动性，激发老年人的学习动力。翻转课堂是一种将学习过程重新安排的方法。在翻转课堂中，老年人可以在课前通过视频等资源自主学习，获得基础知识和理解。这种模式让老年人在课堂上能够更深入地探讨和应用所学知识，加强了实践能力和思维能力的培养。这些创新的培训模式有助于提高培训活动的吸引力和有效性。游戏化学习可以让老年人在学习过程中保持兴趣和参与度，促进知识的积累和应用。翻转课堂则能够让老年人更深入地理解和应用所学内容，提升学习效果和能力。

除了创新的培训模式，定期组织培训活动还可以提供与老年人需求紧密相关的主题和内容。例如，可以开设关于智能手机使用、社交媒体安全、在线购物等方面的培训课程，帮助老年人掌握这些与日常生活密切相关的技能。此外，还可以邀请专业人士和行业专家举办讲座并分享，让老年人了解最新的科技发展和社会动态。通过定期组织培训活动，采用创新的培训模式，并提供与老年人需求相关的主题和内容，可以满足老年人的学习需求，帮助他们积累新知识和技能。这样的培训活动不仅提升了老年人的数字素养和生活质量，也促进了老年人与数字时代的融合和互动。

（二）引入虚拟现实技术

在引入虚拟现实技术方面，可以通过模拟实际场景来提供更具沉浸感的学习体验。虚拟现实技术可以让老年人身临其境地参观和体验各种场所，而无需实际去那个地方。例如，通过虚拟现实设备，老年人可以参观智能制造工厂、科技博物馆等场所，深入了解智能技术的发展和应用。这样的学习体验可以使老年人更加直观地理解和掌握相关知识。

虚拟现实技术还可以应用于远程参观和体验。通过虚拟现实技术，老年人可以在不同地区进行远程参观和体验，打破了地域限制。例如，通过 VR 技术，老年人可以远程参观名胜古迹、博物馆、艺术展览等，享受到与实际参观相似的感受和学习效果。这种跨地区的培训和交流活动可以帮助老年人开阔视野，增加对不同文化和领域的了解。这样引入虚拟现实技术可以为老年人提供更加生动、互动和具有参与感的学习体验。通过模拟实际场景和远程参观，老

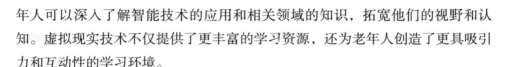

年人可以深入了解智能技术的应用和相关领域的知识，拓宽他们的视野和认知。虚拟现实技术不仅提供了更丰富的学习资源，还为老年人创造了更具吸引力和互动性的学习环境。

（三）利用人工智能辅助教学

在利用人工智能辅助教学方面，可以进一步发挥自然语言处理（NLP）技术和语音识别技术的作用，为老年人提供智能问答、语音助手等服务。这些智能服务可以帮助老年人在学习过程中随时解决问题，提高学习效果。通过自然语言处理技术，老年人可以通过提问的方式获取所需的信息和答案。他们可以向智能问答系统提出问题，系统会通过分析问题并提供相应的回答。这种智能问答系统能够为老年人提供快速、准确的解答，帮助他们更好地理解和掌握学习内容。

语音识别技术也可以用于为老年人提供语音助手。通过语音助手，老年人可以使用自然语言与系统进行交互，提出问题、发出指令等。语音助手可以根据老年人的需求和指令，提供相应的信息和指导，使学习过程更加便捷和舒适。除了个性化的学习辅助服务，人工智能技术还可以用于培训活动的组织和管理。例如，智能排课系统可以根据老年人的学习需求和时间安排，自动优化课程的安排和分配，确保学习资源的合理利用。智能推荐系统则可以根据老年人的学习兴趣和能力，推荐适合他们的学习内容和资源，提供个性化的学习建议。

（四）社交媒体互动

在社交媒体互动方面，可以通过开展线上答疑、讲座和活动，让老年人通过社交媒体平台参与培训活动。社交媒体的广泛应用为老年人提供了一个便捷的参与渠道。通过社交媒体平台，老年人可以在家中舒适的环境中参与培训活动，与其他学习者进行交流和互动。

在线答疑是社交媒体互动的一种重要形式。通过社交媒体平台，老年人可以向教育工作者提出问题，寻求解答和指导。这种实时的互动交流，让老年人在学习过程中得到及时的支持和帮助，解决学习中的疑惑和困惑。而且，社交媒体互动还可以包括讲座和活动的在线举办。教育工作者可以通过社交媒体平台组织在线讲座和活动，分享知识和经验。老年人可以通过参与这些讲座和活动，学习新知识、获取实用技能，并与其他学习者进行互动和交流。在这里，鼓励老年人通过社交媒体记录和分享学习心得和成果，可以形成一个学习圈子，互相激励和支持。老年人可以在社交媒体平台上发布自己的学习笔记、心得体会和成果展示，与其他学习者分享并互相鼓励。这种学习共享的氛围可以促进老年人之间的互动和交流，增加学习的乐趣和动力。

（五）以生活为课堂

在以生活为课堂这一方面，关注老年人在生活中的实际需求是非常重要的。这包括教授老年人如何使用智能健康监测设备、智能养老服务平台等。通过针对老年人在健康和养老方面的需求进行培训，他们可以学习如何有效地利用智能设备来监测自己的健康状况，并获得相应的养老服务支持。这样的培训帮助老年人更好地应对生活中的健康和养老挑战，提升他们的生活质量。

工作人员还可以组织生活技能培训，教授老年人如何使用智能厨房设备、智能交通工具等。通过在真实的生活场景中进行培训，老年人可以亲自操作和体验智能技术的应用。例如，教授老年人如何使用智能厨房设备来烹饪健康美味的饭菜，或者如何使用智能交通工具来提高出行的便利性。这样的培训帮助老年人在日常生活中更好地利用智能技术，提升他们的生活方式和体验。与此同时，可以鼓励老年人在家庭和社区中发挥所学技能，帮助其他老年人解决问题，形成互帮互助的氛围。老年人可以将所学的技能应用于实际生活中，例如，帮助其他老年人设置智能设备、解决技术问题等。这样的互助行动不仅促进了老年人之间的交流和互动，也建立了一个支持和鼓励学习的社区环境。

（六）建立培训档案

在建立培训档案方面，可以借助大数据和云计算技术，实现培训档案的智能管理和分析。通过对老年人的学习数据进行深度挖掘，可以揭示潜在的学习规律和趋势，为优化培训课程和方法提供有力支持。大数据技术可以帮助收集和分析大量的学习数据，包括老年人的学习记录、成绩等。这些数据可以反映老年人的学习情况和进步，帮助教育工作者更好地了解他们的学习需求和问题。通过对这些数据进行深入挖掘和分析，可以发现潜在的学习规律和趋势。例如，通过分析老年人的学习时间、学习内容和学习进度等数据，可以了解他们的学习偏好和特点，从而有针对性地调整培训课程和方法，提供更加个性化

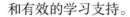

和有效的学习支持。

云计算技术则可以实现培训档案的智能管理和存储。通过将培训数据存储在云端，可以实现数据的安全和便捷访问。老年人可以随时查看自己的学习记录和成绩，了解自己的学习进展。教育工作者也可以根据老年人的学习数据，为他们提供个性化的学习建议和指导。同时，通过云计算技术，不同培训机构之间可以共享老年人的学习数据，提供更加全面和综合的学习支持。培训档案的建立还可以作为老年人终身学习的见证。通过记录和保存老年人的学习成果和经历，可以激发他们的学习动力和自信心。培训档案可以包括学习证书、奖项、学习报告等，这些证明和记录可以让老年人感到自豪和满足，增强他们对学习的重视和参与度。

三、创设互助学习平台

创设互助学习平台是一个多元且全面的过程。通过搭建线上互助社区，为老年人提供了一个便捷、互动的学习空间。在这个平台上，跨年龄互助成为可能，老年人能从年青一代那里学习新的知识，同时也能传授他们的经验和智慧。专家志愿者的支持保证了学习质量，他们用专业知识引导学习，解答疑问。社区还培训老年"导师"，让他们在互助学习中发挥更大的作用。举办的主题活动增加了学习的趣味性，而提供的实践场所则确保了学习可以转化为实践。这些元素相结合，构建了一个既有趣又有效的互助学习平台。

（一）搭建线上互助社区

线上互助社区的建立为老年人提供了一个便捷的学习交流平台。老年人可以通过在线课程获取知识和技能，随时随地进行学习。他们还可以通过问答功能向其他学习者提出问题，获得解答和指导。这种互助学习的方式不仅帮助老年人解决学习中的困惑，还促进了学习者之间的交流和合作。

讨论功能在线上互助社区中也起着重要作用。老年人可以在社区中分享自己的学习心得和经验，与其他学习者进行讨论和互动。这样的讨论可以促进思维碰撞和知识共享，拓宽老年人的视野，深化他们对学习内容的理解和应用。

线上互助社区还能够实现信息的快速传播和反馈。老年人可以在社区中获取最新的学习资源和信息，了解学习活动和培训机构的动态。同时，教育工作者也可以通过社区了解老年人的学习需求和困扰，及时提供相应的支持和指导。这样的快速反馈机制有助于提高学习效果和满足老年人的学习需求。

（二）跨年龄互助

跨年龄互助学习的方式可以是年轻人通过志愿者服务等形式与老年人进行技能交流。年轻人可以将自己在科技和智能领域的专业知识和技能分享给老年人，帮助他们学习智能技术。这种技能交流可以通过组织培训课程、工作坊或者一对一辅导等形式进行。通过与年轻人的交流和学习，老年人可以了解和掌握智能技术的基本应用，提升他们在数字时代的生活质量。

在互助学习平台中，老年人也可以将自己丰富的人生经验传授给年轻人，实现互补互助、共同成长。老年人可以通过讲座、经验分享等形式，向年轻人传授人生智慧和价值观。这样的互助学习过程不仅有助于年轻人拓宽视野、增长知识，还能够让老年人感到自豪和有价值，提升他们的自尊心和社会认同感。另外，跨年龄互助学习的好处在于，年轻人和老年人之间可以形成一种互补的关系。年轻人拥有对科技和智能技术的了解和熟练运用，可以帮助老年人克服技术难题，提高他们的数字素养。而老年人则具有丰富的人生经验和智慧，可以为年轻人提供独特的见解和指导。这种跨年龄互助的学习模式可以促进不同年龄段人群之间的相互理解和尊重，构建更加融洽的社会关系。

（三）专家志愿者支持

为了进一步支持老年人的学习，创设互助学习平台可以邀请相关领域的专家和技术人员担任志愿者，为老年人提供专业的学习支持。这些专家志愿者将为老年人提供宝贵的学习资源和知识。他们可以通过线上或线下的方式参与互助学习平台，解答老年人在学习过程中遇到的问题，传授实用技巧，提升他们的学习效果。这些专家志愿者可以分享自己在特定领域的专业知识和经验，帮助老年人深入理解和应用学习内容。

还有一点必须得到高度肯定，即专家志愿者的参与不仅为老年人提供了学习的机会，也为培训活动带来了丰富的经验和资源。他们可以为培训活动提供有益的建议和指导，帮助改进教学内容和方法。他们的专业知识和经验将使培训活动更加全面和实用，进一步提高老年人的学习成果和满意度。

（四）培训老年"导师"

这些老年"导师"将在互助学习平台上担任带头人的角色，他们将引导和鼓励其他老年人积极参与学习活动。这些导师可以分享自己的学习经验和技巧，为其他老年人提供指导和帮助。他们的示范作用和帮助将激发老年人的学习兴趣，提高互助学习的效果。通过选拔学习成绩优秀、热心帮助他人的老年人作为导师，可以保证他们具备一定的学习和教学能力。同时，这些老年导师也将接受进一步的培训，以提升他们的教学技能和知识水平。这样，他们将能够更好地引导和辅导其他老年人，帮助他们克服学习中的困难，提高学习效果。

老年导师的作用不仅在于传授学习知识和技能，更重要的是激发老年人的学习动力和自信心。他们作为带头人，以自己的学习成果和经验鼓励其他老年人积极参与学习活动。这种互助学习的氛围将使老年人感到支持和鼓舞，相互间形成学习共同体，共同追求学习目标。通过培训一批老年导师，他们将在互助学习平台上扮演重要的角色，引导和激励其他老年人参与学习活动。这种导师制度将为老年人提供良好的学习环境和学习支持，使他们在学习中获得更多的成就感和满足感。同时，老年导师们也将通过教学和帮助他人的过程中不断提升自己的学习能力和教学技巧，实现个人的成长和自我实现。

（五）举办主题活动

为了进一步促进老年人的学习，创设互助学习平台可以定期举办各类主题活动，如技能竞赛、分享会、实践活动等，为老年人提供学习的机会和平台。

这些主题活动的举办将为老年人营造轻松愉快的氛围，使他们在参与学习的同时感受到快乐和满足。技能竞赛可以激发老年人的学习兴趣和竞争意识，让他们在竞争中不断提升自己的技能。分享会可以让老年人分享自己的学习经验和成果，从中获得认可和鼓励。实践活动则提供了实际操作的机会，让老年人将所学知识应用于实际生活中。通过举办这些主题活动，老年人之间的互动和交流将得到增强。他们可以相互分享学习心得、交流学习方法，并从彼此的经验中获得启发和帮助。这种互动和交流不仅促进了知识和经验的传递，还增强了老年人之间的社交联系和归属感。这些主题活动还可以展示老年人的学习成果，激发他们的自信心和成就感。老年人经过学习和努力取得的成果将在活动中得到展示和赞赏，这对他们来说是一种鼓励和肯定。这种正面的反馈将进一步激发老年人的学习动力，使他们更加积极地参与学习。

（六）提供实践场所

为了帮助老年人更好地将所学技能应用于实际生活中，创设互助学习平台可以在社区中设立专门的实践场所。这些实践场所旨在提供一个真实的环境，让老年人能够亲身体验智能技术的便捷与乐趣。其中，智能家居体验区可以展示智能家居设备的使用方式和功能，让老年人亲自操作，体验智能家居给生活带来的便利和舒适。他们可以学习如何使用智能家电、智能安防系统等，了解如何通过智能化设备实现居家安全和便捷生活。

随着时代发展步伐的不断加快，智能医疗设备体验区可以让老年人了解和体验现代医疗科技的进步。他们可以学习如何使用智能健康监测设备、远程医疗平台等，掌握自己的健康状况，实现健康管理和预防。同时，智能出行体验区可以让老年人体验智能交通工具的便利和安全性。他们可以学习如何使用智能导航系统、共享出行平台等，了解如何利用智能技术进行出行规划和交通选择，提高出行的便捷性和安全性。毫无疑问，这些实践场所不仅提供了真实的环境和设备，让老年人能够亲自动手操作和体验，更重要的是，为老年人提供了一个互助学习的平台。在实践场所中，老年人可以相互交流和分享使用心得和技巧，加深彼此对智能技术的理解和掌握。他们可以互相启发和帮助，共同进步。

四、搭建实践应用场景

在搭建实践应用场景的过程中，将注重创新与实用的融合。其中，创客空间提供了一种新型的实践平台，让老年人可以亲手创造和试验。社会实践、模拟教学和移动学习让学习更加贴近生活，使知识的应用变得更加直观和实在。工作人员还会创建智慧社区，让智能设备更好地融入到老年人的生活中。而智能设备体验馆提供了一个直接接触和试用最新科技产品的机会，让学习和实践更加生动有趣。

（一）创新型养老设施

为了满足老年人的养老需求，创设互助学习平台可以搭建创新型养老设施，结合智能技术，为老年人提供更加便捷和个性化的养老服务。其中，智能化健康管理系统是一项重要的养老设施。通过实时监测老年人的生理数据，如血压、心率等，智能化健康管理系统可以提供个性化的健康建议和预警，帮助老年人及时调整生活方式，预防潜在的健康风险。老年人可以通过智能设备或手机应用与健康管理系统进行互动，了解自己的健康状况，并获得针对性的健康指导。

居家养老服务平台也是一项创新型的养老设施。该平台整合了社区内外的养老资源，为老年人提供全方位的智能养老服务。老年人可以通过该平台预约医疗服务、获取康复指导、寻找生活照料等。平台上的智能化功能，如语音助手、智能家居控制等，可以帮助老年人更轻松地管理居家环境，提高生活的便利性和舒适度。创新型养老设施的搭建旨在让老年人在实际生活中体验和应用智能技术，提高他们的生活品质和幸福感。通过智能技术的支持，老年人可以更好地管理自己的健康，减少疾病的风险。同时，他们也能够更方便地获取养老服务和社区资源，满足自身的养老需求。

（二）联动发展

搭建实践应用场景是推动智能技术在老年人生活中应用的关键举措。为了实现这一目标，社区可以与相关企业、高校和研究机构展开合作，促进联动发展。社区与企业的合作可以促进智能设备和技术的引入。通过与企业的合作，社区可以获取到最先进的智能设备，如智能家居系统、智能健康监测设备等。这些设备可以为老年人提供更便捷和智能化的生活环境。同时，企业可以提供技术支持和培训，帮助老年人学习和使用这些设备，提高他们的数字素养和生活质量。社区与高校的合作有助于开展科技教育活动。高校拥有专业的科研力量和教育资源，可以为老年人提供科技知识和培训课程。社区可以邀请高校专家来授课，分享最新的科技研究成果和应用案例。这样的合作可以帮助老年人了解科技的发展趋势，培养他们的科技意识，并提供实践机会，让他们亲身体验和应用科技成果。

社区还可以与研究机构合作，共同探讨适合老年人的智能技术应用场景，并开发实用的产品和服务。研究机构可以深入研究老年人的需求和特点，为他们量身定制智能技术解决方案。社区可以提供场地和资源支持，与研究机构共同开展试验和实践，验证智能技术的可行性和效果。这样的合作可以促进智能技术的创新和应用，为老年人提供更贴心和个性化的服务。

（三）创客空间

创客空间是一个专门为老年人设计的实践场所，鼓励他们动手实践，学习如何使用和维护智能设备。在这个空间里，老年人可以接触到各类硬件设备和软件工具，如 3D 打印机、编程软件等。同时，专业的指导人员也会在场，为老年人提供技术指导和支持。在创客空间中，老年人可以学习如何使用 3D 打印机制作个性化的物品。通过学习 3D 打印技术，他们可以将自己的创意和想法变成现实，并且在实践中体验到智能技术的魅力。

创客空间不仅满足了老年人的学习需求，还激发了他们的创造力和想象力。并且老年人还可以学习编程知识，掌握如何编写代码来控制智能家居设备。通过学习编程，他们可以自主地调整智能家居设备的功能，个性化地设置各种智能化场景。这不仅提高了老年人对智能技术的理解和运用能力，还培养了他们的逻辑思维和问题解决能力。

（四）社会实践

通过组织各类社会实践活动，让老年人将所学知识应用于实际生活。其中一种方式是组织老年人参观高科技企业，让他们了解最新的科技发展动态。通过参观高科技企业，老年人可以亲身感受到科技创新的魅力，并了解到智能技术在各个领域的应用。这样的实践活动可以激发老年人对科技创新的兴趣，让他们更加积极地学习和应用智能技术。

另一种方式是邀请老年人参与公益项目，利用智能技术为社会贡献力量。例如，可以通过网络教育项目，帮助贫困地区的孩子进行远程学习。老年人可以利用自己在智能技术方面的知识和技能，为这些孩子提供在线辅导和支持，帮助他们获得更好的教育资源。此外，老年人还可以利用智能监控设备关注环境保护问题，通过参与环境监测和报告，为保护环境做出贡献。通过这些社会实践活动，老年人能够将所学应用于实际生活，并拓宽自己的视野。参观高科技企业可以让他们了解到科技的前沿发展，认识到智能技术的广泛应用。参与公益项目可以让他们意识到智能技术在解决社会问题方面的潜力和价值。这样的实践活动可以激发老年人的热情和参与度，让他们积极参与社会事务，为社会做出贡献。

（五）模拟教学

为了让老年人更好地体验智能技术的应用，社区可以利用虚拟现实（VR）、增强现实（AR）等技术，搭建模拟教学场景，为他们提供安全、无压力的学习环境。

通过利用 VR 技术，可以搭建虚拟旅游景点，让老年人亲身感受不同地域的文化风情。老年人可以穿上 VR 设备，仿佛置身于真实的旅游景点，欣赏风景、探索历史，丰富自己的知识和视野。在虚拟环境中，他们可以自由地移动和观察，与身临其境的体验相比，更加安全和便捷。一种方式是利用 AR 技术模拟日常生活场景，教授老年人如何操作智能家居设备。通过 AR 技术，可以在现实环境中投影出虚拟的操作界面和指导信息，引导老年人学习智能家居设备的使用方法。老年人可以通过 AR 技术的辅助，逐步掌握设备的功能和操作步骤，提高自己的技能水平。这样的学习方式不仅更加直观和生动，还能够让老年人在实践中体验到智能技术的便利和乐趣。而模拟教学可以帮助老年人在安全、无压力的环境中学习和练习，提高学习效果。虚拟环境和增强现实技术提供了一种沉浸式的学习体验，让老年人能够更深入地理解和应用智能技术。在模拟教学中，老年人可以随时调整自己的学习进度和方式，根据自己的兴趣和需求进行学习，更好地适应个体差异。

（六）移动学习

通过移动设备和应用，为老年人提供随时随地的学习机会。移动学习可以让老年人在碎片化时间里进行学习，提高学习效率。例如，可以开发适合老年人的移动学习应用，提供音视频课程、互动题库、学习进度管理等功能。同时，移动学习还可以实现个性化推荐和学习记录管理，满足老年人不同需求。

（七）创建智慧社区

打造以智能技术为核心的智慧社区，将智能技术融入社区规划、建设和管理中。通过智能化的基础设施（如智能照明、智能安防等）、服务（如智能医疗、智能交通等）和管理（如智能物业、智能环保等），让老年人在日常生活中感受智能技术的便捷和魅力，从而提高生活品质。

（八）智能设备体验馆

在社区设立智能设备体验馆，让老年人有机会亲手体验和操作各类智能设备。体验馆可以涵盖智能家居、智能医疗、智能交通等领域的设备，如智能手表、智能血压计、智能轮椅等。通过实际操作，老年人可以更直观地了解智能设备的功能和使用方法，提高使用自如度。同时，体验馆也可以定期举办新品发布会、技术讲座等活动，让老年人及时了解智能设备的最新动态，激发他们对科技创新的兴趣。

五、智能技术赋能社区养老服务

智能技术赋能社区养老服务，是一种现代化、科技化的养老新模式。构建智慧养老服务平台，提供全方位的服务，进而提升老年人的生活质量。智能设备的应用水平不断提高，使信息获取、日常生活和学习更为便捷。医疗健康方面，智能技术能提供精准、便捷的健康管理方案。同时，通过搭建老年人社交网络，满足他们的社交需求，消除孤独感。智能技术还可助力移动出行，为老年人提供安全、便利的出行解决方案。这些举措共同构建了一个温馨、智慧的养老环境。

（一）构建智慧养老服务平台

智慧养老服务平台是整合各类智能技术的基础。建立一个全面、高效的智慧养老服务平台，将智能硬件、软件、数据分析等技术融入其中，为老年人提供个性化、精准化的养老服务。这一平台可以实现信息共享、资源整合、服务协同，满足老年人在医疗、生活、文化、教育等方面的需求。通过大数据分析，平台还能为政府和社会组织提供有关老年人需求的详细数据，为决策提供依据。

（二）提升智能设备应用水平

社区养老服务的智能化离不开各种智能设备的应用。如智能家居设备可实现室内环境的智能化管理，提高老年人生活的便捷性和舒适度；智能健康监测设备可实时监测老年人的身体状况，预防慢性病和突发病症的发生。为提升老年人对这些设备的使用能力，社区应组织针对性的培训和辅导，让老年人充分利用智能设备，享受科技带来的便利。

（三）智能技术助力医疗健康

智能技术在医疗健康领域的应用具有广泛的前景。例如，利用远程医疗技术，社区医疗机构可以为老年人提供便捷、高效的诊疗服务，降低老年人就医的成本和风险。智能医疗设备如智能床、智能轮椅等可满足老年人的特殊需求。此外，社区养老服务还可以借助大数据和人工智能技术，为老年人提供个性化的健康管理方案，引导他们养成良好的生活习惯。

（四）搭建老年人社交网络

社交对老年人的心理健康至关重要。利用智能技术，可以搭建线上社交平台，帮助老年人扩大社交圈、结识新朋友，甚至参与线上的文化、娱乐活动。此外，基于定位技术的邻里互动应用可以方便老年人找到附近的朋友和活动，鼓励他们参与社区活动。社交网络的建立有助于降低老年人的孤独感，提高他们的社会参与度和幸福感。

（五）智能技术助力移动出行

随着老年人生活需求的多样化，出行需求也日益增加。通过智能技术，可以优化老年人的出行体验。例如，智能公共交通系统可以提供实时公交信息、路线规划等服务，降低老年人出行的难度。智能驾驶技术和无障碍设施也有助于老年人自主出行。此外，移动支付、导航等应用也可为老年人提供便捷的出行服务。社区可通过培训和辅导，帮助老年人掌握这些技术，使其在出行过程中充分享受科技带来的便利。

六、成功案例展示

浙江省绍兴市柯桥区于2021年4月开展老年人智能技术日常应用普及行动，通过建立协同推进、共建共享、考核保障等机制，走出了一条"智慧助老""三级联动"的柯桥路径，即区社区学院牵头，做好设计规划、队伍及课程建设；镇街社区学校推进，组织做好教学、课程推送等工作；村居教学点（老年学堂）落实，做好教学组织实施工作。通过"三级联动"，将老年人智能技术优质教育资源下沉到村居老年学堂（礼堂、教学点），让老年市民能在家门口接受优质教育，共享数字改革红利。其中具体操作在于提出合理的行动方案、开发适老化的教材资源、组建优质的师资队伍、建成完善的评价机制，最终实现"X+智能""智能技术普及进礼堂"两个培训目标，帮助银龄群体跨越数字鸿沟。

第二节　开通"定制化电信服务"暖心通道

在"定制化电信服务"的暖心通道中，工作人员始终坚持以老年人的需求为出发点，为他们提供更加个性化、贴心的服务。工作人员需深入了解老年人的通信需求，精心设计符合他们特点的专属套餐，满足他们在通信上的多元化需求；并且也要开发适用于老年人的电信终端，让他们可以更加方便、轻松地使用电信产品；此后，还要注重优化客户服务体验，提供更加周到、贴心的服务，让他们在使用电信产品的过程中感受到家的温暖。还有两方面需要提起高度重视：开展线下服务活动，让他们有更多接触和学习新技术的机会；加强与养老机构的合作，共同推动社区智能化进程，让更多的老年人享受到科技带来的便利。

一、深入了解老年人的通信需求

深入了解老年人的通信需求是工作人员提供优质服务的基础。通过开展需求调查，分析用户画像，工作人员能够更好地掌握老年人的具体需求。工作人员也要关注特殊老年群体，为他们提供更加个性化的服务。工作人员设立建议箱和热线，随时接收老年人的意见和建议，与家庭成员沟通，进一步了解他们的需求。工作人员定期组织交流活动，让老年人有更多的参与感。通过跟踪用户使用情况，从中可以了解到产品的优点和不足，保持与新技术发展同步，及时更新产品，提升服务质量。用户满意度评估则是工作人员提升服务的重要参考，只有让用户满意，工作人员的服务才能得到真正的认可。

（一）开展需求调查

通过问卷调查、访谈、实地走访等多种形式，全面了解老年人在通信服务中的需求、困惑和期望。需求调查要注重广泛覆盖老年人群体，充分考虑城市和农村老年人的差异。同时，调查过程中要对老年人进行充分的引导，帮助他们表达真实需求。通过需求调查，形成翔实的数据报告，为后续服务优化提供有力的依据。

（二）分析用户画像

根据调查结果，细化老年人的用户画像，包括年龄、性别、兴趣、使用场景等，以便为他们提供更精准的服务。在画像分析中，要关注老年人的生活方式、心理需求等深层次因素，发现需求的隐含信息。用户画像有助于发现老年人的需求差异和共性，从而为不同类型的用户提供个性化的解决方案。

（三）关注特殊老年群体

重视特殊群体，如视觉、听力、认知障碍的老年人，关注他们在通信服务中的独特需求。通过专门设计的界面、功能和辅助设备，为这些特殊老年群体提供便捷、易用的通信服务。同时，要与相关专业机构、医疗机构等合作，以更好地了解特殊老年群体的需求，为他们提供专业化的支持。

（四）设立建议箱和热线

设立建议箱和专门的服务热线，为老年人提供一个随时提出意见、反馈问题的渠道。要对收集到的意见和建议给予充分重视，通过定期评审、讨论，将它们转化为改进和优化服务的行动。同时，建立良好的反馈机制，让老年人看到他们的意见得到了积极响应。

（五）与家庭成员沟通

主动与老年人的家庭成员沟通，了解他们对老年人通信需求的看法和建议。家庭成员通常对老年人的需求和习惯有更深入的了解，能够提供有价值的意见。此外，还可通过家庭成员对老年人的培训、指导提供支持，帮助他们更好地利用通信服务。

（六）定期组织交流活动

定期举办针对老年人的交流活动，如座谈会、沙龙、讲座等，邀请他们分享使用通信服务的经验和感受。这些活动有助于发现老年人在实际使用过程中遇到的问题，进一步完善服务内容。同时，交流活动也可增进老年人之间的相互了解，形成互助、共享的氛围，提高整体服务效果。

（七）跟踪用户使用情况

通过数据分析和用户反馈，持续跟踪老年人的通信服务使用情况。数据收集要关注用户行为、满意度、问题反馈等多个方面，形成全面、准确的分析报告。通过定期的报告和总结，及时发现问题、改进服务，确保服务始终贴合老年人的需求。

（八）保持与新技术发展同步

关注通信技术的发展动态，了解老年人普遍感兴趣的新功能、新应用。结合老年人的需求和特点，将适合的新技术融入定制化电信服务中，为他们提供更便捷、高效的服务。与新技术发展保持同步，也意味着要关注行业政策、标准的变化，以便及时调整服务内容，符合相关规定。

（九）用户满意度评估

开展用户满意度评估，通过定期的问卷调查、访谈、评价等方式，了解老年人对通信服务的满意程度。用户满意度评估要关注服务质量、功能体验、响应速度等多个方面，形成全面的评价指标体系。通过满意度评估，找出服务中的优点和不足，为改进和优化提供有力依据。同时，将用户满意度作为服务团队的考核指标，激励团队不断提高服务水平。

二、设计针对老年人的专属套餐

设计针对老年人的专属套餐，工作人员要始于调查与分析，以深度了解老年人的通信需求。工作人员简化套餐结构，让老年人可以更容易理解和选择，同时提供低资费优惠，减轻他们的经济负担。工作人员也要注重套餐的灵活定制，满足老年人的各种需求。服务优先是工作人员所必须坚持的基本原则，其间要主动提供帮助，解决他们在使用过程中遇到的问题。增值服务也是所从事工作的一大亮点，如提供健康咨询、社区信息等，让老年人的生活更加便捷。另外，还要高度关注产品的易用性，让老年人可以轻松享受通信服务。长效推广则是基本目标，这样可以持续为老年人提供优质的通信服务。

（一）调查与分析

在设计针对社区老年人的专属套餐前，应首先开展调查与分析。通过深入走访、问卷调查、座谈会等多种方式，了解老年人的通信需求、消费习惯、经济状况等。同时，对比分析其他运营商的相关套餐，发现市场上的优势与不足，以便为老年人提供更符合的需求、更具竞争力的专属套餐。与此同时，还要关注老年人对于通信技术的接受程度，对于智能设备的操作能力，以便在设计套餐时，提供相应的辅助功能，如语音助手、智能拨号等。

（二）简化套餐结构

针对老年人的认知特点，应简化套餐结构，使其更易理解。在设计过程中，避免过多的复杂选项，尽量将套餐内容进行简化和归类。例如，可以将语音、短信、流量等通信服务分为不同的等级，让老年人根据自己的需求选择相应的套餐。另外，为方便老年人理解和选择，套餐的命名应具备直观性，如"老年畅聊套餐""养老优享套餐"等。

（三）低资费优惠

鉴于老年人的经济状况和通信需求，专属套餐应提供低资费优惠。可以通过降低基本套餐价格、提供特定时段的免费通话、短信和流量等方式，减轻老年人的通信费用负担，使他们能够享受到实惠的通信服务。同时，考虑到老年人对于流量的使用较为有限，可以提供不清零的流量包或者流量共享等方案，让他们在使用中感受到更多的关怀和便利。

（四）灵活定制

为满足不同老年人的需求，专属套餐应具备灵活定制的功能。用户可以根据自己的实际需求，选择合适的语音、短信、流量等通信服务。此外，还可以根据老年人的特殊需求，如国际漫游等，提供相应的定制选项。同时，运营商可定期推出针对性的优惠活动，如赠送免费流量、话费折扣等，以满足老年人在特定时期的需求，进一步提高用户满意度。

（五）服务优先

在设计专属套餐时，应将服务放在优先位置。可以通过提供专门的客服团队，为老年人解决使用中的问题，提供咨询和技术支持。同时，运营商还可以设立专门的营业厅，为老年人提供面对面的服务，包括业务办理、设备检测、套餐调整等。在这里，针对老年人普遍存在的操作障碍，可以提供上门服务，如设备安装、维修等，让老年人感受到更为贴心的关照。

（六）增值服务

除了基本的通信服务外，还可以为老年人提供多样化的增值服务，以丰富他们的生活。例如，提供健康管理、医疗咨询、紧急求助等服务，让老年人在使用通信服务的同时，享受到更多实用功能。此外，还可以提供在线教育、音乐、视频等内容服务，为老年人的生活带来更多精彩。

（七）关注易用性

考虑到老年人的操作能力和认知特点，专属套餐在设计时应注重易用性。例如，可以推出适合老年人使用的智能设备，如大字体、大屏幕、简化操作界面等。同时，为方便老年人了解套餐详情和操作流程，可提供图文并茂、易于理解的说明书和教程，让他们在使用过程中感受到便利。

（八）长效推广

为确保专属套餐的长期效益，运营商应持续进行推广和宣传。可以通过电视、报纸、网络等多种渠道，向社区老年人传递套餐信息。此外，还可与社区、养老机构等合作，开展宣传活动，如讲座、体验活动等，让更多的老年人了解和使用专属套餐。同时，运营商还应不断调整和优化套餐内容，以适应市场变化和用户需求，确保专属套餐的持续竞争力。

三、开发适用于老年人的电信终端

开发适用于老年人的电信终端，应始于设计理念，以满足老年人的需求为导向。应注重易用性，简化操作流程，让老年人可以轻松上手。并且提供功能定制，满足老年人的个性化需求。客户支持是另外一个不可或缺的环节，能够为广大社区老年人提供详细的使用指导和问题解答。与此同时，还要重视安全防护，保障老年人的信息安全。终端硬件也是电信终端产品开发所关注的焦点，要始终站在社区老年人的角度去选择适合老年人使用的硬件。并且还要持续进行电信终端产品的更新升级，让老年人可以享受到最新的通信服务，最终实现老年人社区智能化发展，让通信服务更加便捷和智能。

（一）设计理念

开发适用于老年人的电信终端，首先要确立以老年人为中心的设计理念。设计者需要深入了解老年人的生活需求、身体状况、操作习惯等特点，将这些因素融入设计中，以实现人机交互的舒适度和易用性。此外，还需关注老年人的心理需求，如社交、安全感和独立性等，充分体现在终端设计中。设计者应秉持"以人为本"的原则，从老年人的角度出发，进行细致的市场调查，形成切实可行的产品设计方案。

（二）易用性

易用性是开发老年人电信终端的关键。这包括提供大字体、大屏幕、高对比度等视觉优化设计，确保老年人能够轻松阅读信息；简化操作界面，减少功能按钮，使老年人能够迅速掌握设备操作；提供语音识别和语音辅助功能，方便听力不佳或操作困难的老年人使用。同时，还应考虑到老年人对新技术的适应能力有限，提供详尽的使用说明和在线客服支持，帮助他们更好地掌握终端使用方法。

（三）功能定制

为满足老年人的特殊需求，电信终端应提供针对性的功能定制。这包括健康管理、紧急求助、医疗咨询等与老年人生活息息相关的功能。同时，还可以根据老年人的兴趣爱好，提供音乐、视频、新闻资讯、语言学习等丰富多样的内容。还可以结合社区资源，开发社区活动报名、志愿者服务等功能，增强老年人的社交互动，提高生活品质。

（四）客户支持

针对老年人使用电信终端往往会遇到的困难，需要提供全面的客户支持。包括电话客服、在线客服、实体服务网点等多种途径，帮助老年人解决使用过程中的问题。同时，可与社区、家属、志愿者等多方合作，开展设备使用培训和技术支持活动，确保老年人能够充分利用终端设备。

（五）安全防护

老年人通常对网络安全风险认识不足，因此电信终端在设计过程中应重视安全防护功能。这包括提供安全的操作系统，确保个人信息和隐私得到保护；预装防病毒、防欺诈软件，降低网络风险；加强对恶意软件和不良信息的过滤，确保老年人能够在一个安全的网络环境中使用终端设备。同时，提供安全教育和培训，增强老年人的网络安全意识，提高防范能力，降低受到网络诈骗等安全风险的可能性。

（六）终端硬件

在硬件设计上，应考虑老年人的生理特点和操作需求。如选用舒适的触摸屏材料、提供适中的终端尺寸和重量、考虑抗摔耐磨等特点。电池续航能力也是重要的考虑因素，以保证老年人长时间使用设备不受电池续航的限制。同时，为了满足老年人特殊需求，可增加防水、防尘等功能，提高终端设备的耐用性。

（七）持续更新升级

随着科技进步和社会发展，老年人的需求也在不断变化。为了满足这些变化，电信终端应提供持续更新升级的服务。这包括定期推送软件更新，修复漏洞、优化性能、增加新功能，以满足老年人不断变化的需求。此外，对硬件进行升级，以适应新技术和新应用的发展，确保老年人能够在一个长期、稳定的平台上使用电信终端。

（八）智能化发展

智能化是电信终端发展的趋势，对于老年人而言，智能化更能提升使用体验。如利用人工智能技术实现智能语音助手，方便老年人进行语音操作、提问和信息查询；利用大数据和机器学习技术，为老年人提供个性化的信息推荐和服务；结合物联网技术，实现家庭智能化，让老年人在家中轻松操控家电、监控家庭安全。通过智能化发展，让老年人的生活更加便捷、舒适和安全。

四、优化客户服务体验

在老年人的视角中，优化客户服务体验需要工作人员从各个维度着手。便捷的服务入口成为他们探索数字世界的窗口，易懂的操作指南则犹如稳固的引导，带领他们走进这个世界。专业的客户服务团队用他们的专业知识和耐心为老年人解答各种疑问，陪伴他们在数字世界中自由翱翔。而工作人员也要定期与他们进行沟通互动，倾听他们的声音，让他们的需求和反馈成为工作人员服务改进的动力。只有这样，工作人员才能真正理解并满足老年人的需求，为他们提供真正优质的服务体验。

（一）便捷的服务入口

为了优化客户服务体验，首先，需要确保老年人可以轻松地获取和使用电信服务。这包括提供便捷的服务入口，如设置专门的老年人服务窗口、电话热线、在线客服等渠道，确保老年人在需要帮助时能够迅速找到解决方案。其次，可以通过社区活动、宣传手册、官方网站等多种方式进行宣传，提高老年人对定制化电信服务的认知度和使用率。

（二）易懂的操作指南

针对老年人的特点，提供简单易懂的操作指南是提升服务体验的关键。这包括以图文结合、示例操作等形式展示，让老年人能够轻松理解和掌握操作方法。同时，可以提供语音、视频等多样化的教学资源，满足不同老年人的学习需求。对于功能较复杂的电信产品和服务，还可举办线下培训班，提供面对面的教学指导，帮助老年人熟练掌握操作技巧。

（三）专业的客户服务团队

建立专业的客户服务团队是提升老年人电信服务体验的核心环节。客户服务团队成员应具备良好的沟通能力、熟悉电信产品与服务，能够针对老年人的需求提供专业解答和建议。此外，定期对客户服务团队进行培训，提高他们的业务水平和服务意识，确保能够及时、准确地解决老年人在使用电信服务过程中遇到的问题。

（四）定期的沟通互动

为了更好地了解老年人的需求和使用情况，定期开展沟通互动活动是必不可少的。通过电话回访、问卷调查、线下座谈会等方式，收集老年人在使用电信服务过程中的反馈和建议。这既能帮助电信企业了解老年人的需求，优化服务内容，又能增进与老年用户之间的信任和感情，提升老年人的客户满意度。

五、开展线下服务活动

开展线下服务活动是为了更贴近老年人的需求。首先，应做到先深入了解目标群体，了解他们的兴趣和关注点。其次，设立专门的服务中心，提供一个舒适的场所，为老年人提供各种支持和服务。最后，精心设计活动内容，确保活动与老年人的兴趣和需求相契合。工作人员定期开展活动，与老年人进行面对面的互动交流，让他们感受到社区的温暖。同时，工作人员积极与社区联动，整合资源，为线下服务活动提供更多丰富的内容和支持。通过这些努力，希望能够为老年人创造一个充满关爱和参与的线下服务体验。

（一）了解目标群体

为了更好地了解老年人的需求，电信企业可以采用多种方式收集信息。例如，可以通过问卷调查、访谈、座谈会等方式，了解老年人在通信服务方面的需求、困难和期望。此外，企业还可以利用大数据分析技术，对老年人的通信行为进行挖掘，以便更精准地了解他们的兴趣和需求。这样，线下服务活动就可以更有针对性地满足老年人的实际需求。

（二）设立专门的服务中心

在设立专门的服务中心时，电信企业需要考虑地理位置、交通便利性、无障碍设施等因素。此外，服务中心的内部设计也应符合老年人的使用习惯，如使用大字体、高对比度的标识和提示牌，设置方便阅读和操作的展示区。还可以提供充足的座椅和茶水等设施，让老年人在参加活动时感受到温馨和关怀。

（三）精心设计活动内容

在设计活动内容时，电信企业应注重实用性和趣味性。例如，可以开展针对智能手机操作、网络安全、应用软件使用等方面的培训课程，帮助老年人提高电子设备的操作能力。此外，还可以组织一些与健康、养生、娱乐等话题相关的活动，如养生讲座、音乐会、亲子活动等，让老年人在参加活动的同时，享受到快乐和轻松的氛围。

（四）定期开展活动

定期举办线下服务活动可以帮助老年人持续关注电信服务的发展。电信企业可以根据不同的节气、节日、季节变换等特点，设计丰富多样的活动主题。同时，还可以设立活动日历，方便老年人提前了解和预约参加活动。通过定期的沟通和互动，可以加深老年人对电信服务的了解，提高他们的满意度和忠诚度。

（五）社区联动丰富资源

电信企业与社区其他机构的合作可以为线下服务活动提供更多资源支持。例如，可以邀请医疗机构的专家为老年人提供健康讲座，或者与养老机构合作开展养老服务技术的交流和培训。此外，还可以与教育机构、非营利组织等合作，共同举办公益活动，如义诊、义教、文艺表演等，以提升社区老年人的生活品质和精神满足感。电信企业还可以与当地政府部门合作，共同推动社区建设，为老年人提供更加便利、安全、舒适的生活环境。

六、加强与养老机构的合作

加强与养老机构的合作是为了更好地服务老年人群体。首先，应建立合作机制，与养老机构共同合作，共享资源，共同努力。通过开展联合活动，工作人员能够为老年人提供更丰富多样的服务和活动。其次，还要致力于定制养老服务套餐，根据老年人的特殊需求提供个性化的关怀和支持。最后，工作人员要不断优化服务流程和向其提供充足的技术支持，以确保服务体验更加趋于便捷性和高效性，最终打造出社区养老与服务的新业态，为广大社区老年人营造一个更加健康、温馨的养老环境。

（一）建立合作机制

电信企业与养老机构可建立长期、稳定的合作机制，如双方签订战略合作协议，共同制定合作规划，明确各自的权益和义务。此外，可以设立专门的合作组织，负责协调和监督合作事宜，确保合作项目的顺利实施。

（二）共享资源

为提高合作效益，双方可在人力、物力、信息等方面实现资源共享。例如，电信企业可与养老机构共建服务网点，以便更好地为老年人提供服务；双方还可以共享老年人的需求信息、健康数据等，以便为老年人提供更加精准、个性化的服务。

（三）开展联合活动

电信企业与养老机构可定期举办各类联合活动，如知识讲座、技能培训、文娱活动等，以丰富老年人的文化生活，增进彼此的了解与信任。此外，双方还可以在节庆、纪念日等重要时刻举办特别活动，增强合作的亲和力。

（四）定制养老服务套餐

电信企业可根据养老机构的需求，为老年人提供定制化的养老服务套餐。例如，设计具有低资费、长有效期、大流量等特点的套餐，以满足老年人较低的消费水平和特定的需求。此外，还可以针对养老机构的特色服务，如医疗、康复、健康管理等，开发相应的增值服务，提高老年人在养老机构的生活质量。

（五）优化服务流程

在与养老机构合作的过程中，电信企业需根据老年人特点对服务流程进行优化。例如，简化办理手续，减少老年人在办理业务时所需填写的表格和文件，让他们能更轻松地完成相关手续。同时，提供上门服务，针对行动不便的老年人，派遣工作人员上门为他们提供便利的服务。此外，设立专门的老年服务窗口，为老年人提供更贴心的服务。

（六）提供技术支持

电信企业可以为养老机构提供技术支持，如协助部署高速宽带、Wi-Fi 等网络设施，帮助老年人更好地使用智能设备、应用等。此外，还可提供技术培训，提高养老机构员工的技术水平，进一步提升服务质量。

（七）融入养老产业生态

电信企业可积极参与养老产业的各个环节，与养老机构共同打造养老产业生态。通过提供相关技术、设备和服务，助力养老机构的数字化、智能化改造；同时与医疗、康复、保险等相关企业合作，为养老机构提供全方位、一站式的解决方案。

（八）探索新的合作模式

为了应对养老产业的不断发展，电信企业与养老机构可共同探索新的合作模式。利用大数据、人工智能等先进技术，实现对老年人需求的精准把握；共同开发适用于老年人的电子商务、在线教育等新业务，拓宽合作领域。通过不断创新，为老年人提供更加优质、便捷的服务。

七、成功案例展示

随着中国老龄化步伐加速，助老服务日益成为备受关注的议题。重阳节之际，在上海市通信管理局的指导下，上海电信正式发布《便民助老服务指南》（以下简称《指南》），致力于为老年人及弱势群体提供全面的数字化服务。该《指南》涉及三大板块，十项内容，上海电信从智慧科技、福利权益、便民服务等角度出发，旨在为老年人提供更全面、更贴心的服务，让老年人享受综合"适老"体验，提升老年用户数字化时代的幸福感、满足感。

上海电信推出翼家智话、助老一键通和天翼看家三款"智能神器"，为老年人提供更便捷的通信手段、更安全的居家环境。翼家智话，是一款电信定制的智能音箱，老人可以用语音拨打电话、多终端同时振铃，还可实现视频亲情通话、陪伴老人、远程看家等多种场景，是视频通话的小音箱，餐桌上的小电视，远程看家的小卫士。助老一键通，是可收听电台、亲情通话、代叫出租、一键呼叫 114 助老热线的智能闹钟。老人们只要按下"一键通"红色按钮，即可拨打 114 人工客服电话获得代叫出租等助老增值服务，老人们还可以一键拨打"亲情通话号"，与亲人直接通话。天翼看家，是一款"聪明"的智能摄像头，实现 360° 全景看家，双向对讲，为养老守护。通过智能摄像头，用户可以在手机上随时随地查看家中实时视频画面和云端存储的历史图像，并进行双向语音对讲，实现安防监控、老人看护等多种场景，也让在外的子女随时看护老人居家安全。

为了满足老年人通信、消费、社交等日常需求，上海电信推出一系列优惠产品及服务。考虑到老人居家或外出时，经常需要通过微信与亲友交流，或观看视频，上海电信为美好家庭用户提供流量翻倍的服务。这意味着，老人们浏览网站、刷微信、看视频、发送照片，再也不必担心流量不足的问题。同时，上海电信还推出"老小孩"会员权益，只要年满 60 周岁，即可免费领取 12GB 的国内流量或 1200 分钟的国内通话。上海电信还为喜欢在电视大屏上浏览内容的老人提供了云电脑服务。老人们可以通过 IPTV 登录云电脑，就可以轻松在电视上观看视频、照片，还可以根据需要随时升级电脑配置，保证数据的安全，提高"银发族"生活质量，助力老年人安享数字生活。

第三节　开设老年人社区"玩转智慧"课程

开设老年人社区"玩转智慧"课程，旨在满足老年人对智能技术的学习需求。课程设计简明易懂，包含实际案例和互动活动。目标是帮助老年人掌握基本的智能技术知识和技能。内容涵盖智能设备使用、互联网应用和网络安全等方面。灵活的课程模式包括线上和面对面授课。通过评价和反馈持续优化课程，提供满意的学习体验，让老年人轻松享受数字化生活的乐趣。

一、课程定位

在开设老年人社区"玩转智慧"课程的过程中，准确进行课程定位是十分关键的。以下分别从课程目标、内容、难度、形式、周期与频次、课程支持等方面进行论述。

（一）课程目标

课程目标应明确针对老年人的需求，旨在提高他们对智能技术的理解和运用能力，增强生活自理、社交互动和信息获取等方面的能力。同时，帮助老年人建立自信，让他们更好地融入现代社会。课程目标的制定还应注重培养老年人的学习兴趣和自主学习能力，以便在课程结束后，他们能够继续关注和学习新技术。

（二）课程内容

课程内容应结合老年人的生活实际，涵盖手机、电脑、智能家居等方面的基本操作及应用。从如何拨打电话、发送信息、使用社交软件，到如何查询信息、购物、在线娱乐等，全方位满足老年人的需求。此外，还可以根据不同地区、不同兴趣爱好的老年人设置特色课程，如在线养生、远程医疗、旅游规划等。

（三）课程难度

课程难度应根据老年人的认知水平和技能水平进行调整。针对不同层次的老年人，可以设置初级、中级和高级课程。初级课程着重于基本操作，让他们逐步熟悉智能设备；中级课程则引导他们深入应用，提高实际操作能力；高级课程可以让老年人学习更多的高级功能，激发他们的探索欲望。

（四）课程形式

课程形式应以实际操作为主，讲解与实践相结合，以便老年人更好地掌握技能。课程可以采用小班制教学，以便教师能够关注到每位学员。同时，可以利用现代教育技术如视频、动画、图文等多媒体形式，提高课程的趣味性和吸引力。此外，还可以鼓励老年人进行小组合作，分享彼此的经验和技巧。

（五）课程周期与频次

课程周期与频次应根据老年人的学习习惯和接受程度制定。周期可以设置为一个季度或半年，以便充分涵盖各个主题。每周可以安排 1~2 次课程，每次课程时长为 1~2 小时，确保老年人有足够的时间学习和消化。此外，还可以根据节假日、季节变化等因素，调整课程时间表，以便适应老年人的生活节奏。

（六）课程支持

课程支持方面应充分利用社区资源，如社区活动中心、志愿者、专业讲师等。社区活动中心可以提供设施和场地支持；志愿者可以在课程中担任助教，协助老年人进行实操练习；专业讲师可以根据课程内容定期更新教学材料，确保课程质量。此外，课程支持还包括提供详细的课程手册、视频教程等学习资料，帮助老年人巩固所学知识。

二、课程设计

在开设老年人社区"玩转智慧"课程的过程中，课程设计的关键在于充分利用资源、创新教学方法和整合多方力量，从而为老年人提供高质量的智能技术教育。

（一）创新教学方法

为了让老年人更好地理解和掌握智能技术应用，需要采用创新的教学方法。例如，运用启发式教学，鼓励老年人通过自己的探索和实践来学习新技术；结合案例教学，让老年人在具体的生活场景中感受智能技术的便捷性；利用游戏化教学，增加课堂的趣味性和互动性，提高学习效果。

（二）跨学科整合

课程设计要注重跨学科的整合，将计算机科学、心理学、人类学等领域的知识与实践相结合，让老年人全面了解智能技术的发展与应用。例如，结合心理学原理，针对老年人的认知特点制定教学策略；借鉴人类学研究，分析老年人在使用智能设备过程中普遍会遇到的困难和挑战，为之提供个性化的指导和帮助。通过跨学科整合，课程将更加丰富多元，有助于提高老年人的学习兴趣和效果。

（三）老少共学

课程设计可以鼓励老少共学，让年轻人和老年人共同参与课程，互相学习，互相帮助。这样既能帮助老年人更快地掌握智能技术，又能培养年轻人的责任感和沟通能力。例如，可以组织家庭课程，让子女陪同父母一起学习，共同应对技术挑战；也可以邀请志愿者参与课程，为老年人提供指导和支持。

（四）社区资源整合

课程设计要充分利用社区资源，打造具有地方特色的智能技术应用教育载体。可以与社区活动中心、养老院、学校等合作，共享场地、设备、教师等资源，提高课程的可持续性和普及性。同时，还可以与企业、政府部门等合作，为课程提供资金、技术、政策等支持，推动老年人智能技术应用教育的深入发展。

（五）智能课堂

课程设计可以利用智能课堂技术，为老年人提供更加个性化、智能化的学习体验。例如，通过人工智能技术，实时分析老年人的学习进度和需求，为他们提供定制化的学习资源和建议；利用虚拟现实、增强现实等技术，让老年人在沉浸式环境中体验智能技术的应用；借助在线教育平台，让老年人随时随地学习，打破时间和空间的限制。

三、课程目标

在开设老年人社区"玩转智慧"课程的过程中，设置合适的课程目标至关重要。以下从培养数字素养、提高自主学习能力、促进社交互动、增强生活品质、拓展兴趣爱好、增强健康意识、培养创新思维、传承文化传统等方面进行论述。

（一）培养数字素养

课程应致力于培养老年人的数字素养，使他们能够熟练地使用各种智能设备和应用，如手机、电脑、智能家居等。数字素养不仅包括基本操作技能，还包括网络安全意识、信息筛选能力等，帮助老年人更安全、高效地使用智能技术。

（二）提高自主学习能力

课程应激发老年人对智能技术的兴趣，教授他们如何通过多种途径获取知识，如查阅资料、参加线上讲座和培训等。同时，课程还应培养他们动手实践的能力，鼓励他们在学习过程中尝试操作，实际体验技术的使用。此外，通过课程设计，老年人应学会分析问题、寻求解决方案，培养创新精神。

（三）促进社交互动

课程应教授老年人如何使用社交软件，如微信、QQ等，以便他们能够通过这些平台结识新朋友、参加线上活动。同时，应引导他们加入各种兴趣群组、论坛，以便分享技术应用经验，交流生活心得。此外，课程还应鼓励他们与家人、朋友分享所学技能，增进彼此感情。

（四）增强生活品质

课程应教授老年人如何使用智能家居系统控制家庭设备，以实现远程监控、环境调节等功能。同时，应教授他们如何利用在线购物平台购买日常用品，以及如何使用移动支付等新兴技术。此外，应向他们介绍各类智能设备、应用的使用方法，如智能手表、智能音响等，帮助他们更好地享受科技带来的便捷。

（五）拓展兴趣爱好

课程应关注老年人的精神文化需求，引导他们运用智能技术发现新的娱乐项目。例如，教授他们如何在线听音乐、观看电影、参加线上养生讲座等。同时，应鼓励他们尝试新的兴趣爱好，如摄影、绘画等，以便丰富他们的精神文化生活。

（六）增强健康意识

课程应关注老年人的健康问题，教授他们利用智能技术监测身体状况、调整生活方式的方法。例如，向老年人介绍如何使用智能手环监测心率、血压等生理指标，如何借助健康管理应用记录饮食、运动等信息，以便更好地关注和改善自身健康状况。

（七）培养创新思维

课程应激发老年人的创新思维，鼓励他们在学习过程中积极提出新想法和建议。设计一些富有挑战性的课程项目，让老年人在解决实际问题的过程中，发挥自己的想象力和创造力，增强对新技术的探索欲望。

（八）传承文化传统

课程应关注传统文化的传承，利用智能技术帮助老年人了解、传播和保护传统文化。例如，教授老年人如何使用数字图书馆、在线博物馆等资源学习传统文化，如何运用社交媒体等平台分享自己的文化经验和见解，为传统文化的传承贡献力量。

四、课程内容

掌握智能技术，不仅是跟上时代的步伐，更是提升生活质量、增进与世界互动的重要途径。工作人员将从基本操作开始，使广大社区老年人能够自如地驾驭这些日益普及的技术工具。同时，理解应用程序的使用，意味着社区老年人能更便捷地获取信息，更轻松地进行社交。而在享受科技带来的便利之余，更要重视向教育对象传授互联网安全知识，保障社区老年人的信息安全。在这个过程中，要做到教育工作者与广大社区老年人一同发掘这些技术在日常生活中的实际应用，让广大社区老年人体验到科技的真正价值。

（一）基本操作

课程内容应涵盖智能设备的基本操作，如手机、平板、电脑等。让老年人了解设备的基本功能，如开关机、调节音量、连接 Wi-Fi 等，为后续应用打下基础。同时，教授他们如何使用输入法，进行文字输入、语音识别等操作。此外，应引导老年人熟练掌握设备的基本设置，如亮度调节、字体大小设置等，以便他们能够根据自己的需求进行调整。

（二）应用程序

课程内容应包括各类实用应用程序的教学，如社交软件、在线购物、移动支付等。让老年人掌握这些应用的基本功能，了解如何使用它们进行日常生活中的各项活动。同时，引导老年人了解各种兴趣爱好类应用，如音乐、电影、阅读、健康等，使他们能够通过智能技术丰富精神文化生活。

（三）互联网安全

课程内容应重点关注互联网安全问题，教授老年人如何识别网络诈骗、保护个人信息等。让他们了解各种常见的网络安全风险，如钓鱼网站、虚假软件等，并掌握如何防范的方法。此外，引导老年人了解如何设置复杂密码、定期修改密码等安全措施，以增强自身的网络安全意识。

（四）生活技能

课程内容应涵盖与老年人日常生活息息相关的技能，如智能家居控制、在线医疗咨询、远程视频通话等。让老年人了解如何利用智能技术提高生活品质，解决实际问题。同时，教授他们如何运用技术进行健康管理，如使用运动计步器、心率监测等功能，提高对自身健康状况的关注。通过这些课程内容，帮助老年人更好地融入智能时代，享受科技带来的便利。

五、课程模式

课程模式的构建作为课程活动顺利开展的关键性因素之一，社区老年人智能技术应用教育"玩转智慧"课程活动的顺利开展也是如此。在这里，应通过主题式课程深入理解各类智能技术；沙龙式学习将让社区老年人有机会与他人交流分享，共同进步；体验式学习的方式将带社区老年人身临其境，感受科技的魅力；游学式教学为广大社区老年人提供轻松愉快的学习环境，从实践中获取知识。并且，还要模拟实战将帮助社区老年人巩固所学，提高技术应用能力，由此为消除社区银色数字鸿沟提供强有力的推动作用。

（一）主题式课程

主题式课程以特定主题为核心，围绕主题展开教学。这种模式有助于集中讨论某一领域的知识和技能，如智能家居、移动支付等。针对老年人的特点，主题式课程可以提供深入浅出的教学内容，帮助他们逐步掌握相关技能。同时，通过设置实际应用场景，让老年人更好地理解和应用所学知识。此外，主题式课程有利于组织多样化的教学活动，丰富课程形式，提高老年人的学习兴趣。

（二）沙龙式学习

沙龙式学习强调交流互动，以小组讨论、案例分析、实践操作等方式进行教学。这种模式有助于激发老年人的学习积极性，促进他们在学习过程中互相帮助、共同进步。通过沙龙式学习，老年人可以结交志同道合的朋友，分享彼此的经验和见解，形成良好的学习氛围。同时，沙龙式学习能够拓宽老年人的视野，激发他们探索新知识、新技能的兴趣。

（三）体验式学习

体验式学习注重让老年人亲身参与，通过实际操作、体验，达到学以致用的目的。这种模式适用于智能技术应用、生活技能等方面的教学。体验式学习有助于提高老年人的动手能力和自信心，同时培养他们解决问题的能力。通过参与实际操作，老年人能够更好地掌握所学技能，将理论知识应用于实际生活中。体验式学习还可以增强老年人的团队协作能力，培养他们的沟通技巧。

（四）游学式教学

游学式教学是一种将学习与旅行相结合的教学模式。通过组织老年人参观科技企业、智能家居展示馆等，让他们亲身感受科技的魅力。游学式教学有助于拓宽老年人的视野，激发他们对新技术的好奇心。另外，游学式教学可以帮助老年人建立更广泛的社交圈，结识来自不同背景的人，进一步丰富他们的人生阅历。

（五）模拟实战

模拟实战教学模式是通过模拟真实场景，让老年人在安全的环境中体验和应对各种问题。这种教学模式有助于老年人将所学知识应用于实际情境，提高他们的实践能力和应变能力。例如，在教授移动支付课程时，可以模拟购物场景，让老年人亲自操作手机完成支付过程。模拟实战教学模式还能够增强老年人的自信心，使他们在面对真实问题时能够更加从容应对。

六、课程评价

课程评价作为课程更高质量建设和运行的重要保障，社区老年人智能技术应用教育"玩转智慧"课程建设与运行自然也不例外。在这里，社区老年人的体验和建议是有效进行课程建设与运行方案改进的宝贵财富。其间，教学评估将全面检视课程的有效性和适应性，对学员的评估则聚焦于技能掌握和应用能力，以便广大教育工作者为社区老年人提供个性化的辅导。除此之外，也要对培训师评估，以促进他们的专业成长。最终通过教学成果展示的方式来呈现课程运行的最终成果，从而一同见证智能技术在社区老年人生活中所带来的转变。

（一）学员反馈

学员反馈是评价课程质量的重要途径。通过定期征求老年学员对课程内容、教学方法、课程安排等方面的意见和建议，可以及时发现课程中存在的问题，调整教学策略，使课程更加贴合老年人的需求。学员反馈的优势在于它来源于一线学员的真实体验，具有很高的参考价值。

（二）教学评估

教学评估主要是对教师的教学质量、教学方法、教学态度等方面进行全面评估。这可以通过邀请专家、同行或管理人员参与课堂观摩、提出改进建议等方式进行。教学评估的优势在于能够及时发现教师在教学过程中的问题，促使教师不断提升自己的教学水平。

（三）学员评估

学员评估旨在了解老年学员在课程学习过程中的进步情况，可以通过测试、作业、实践操作等形式进行。学员评估的优势在于能够实时掌握老年学员的学习状况，为后续教学提供有针对性的指导。

（四）培训师评估

培训师评估是对培训师在课程实施过程中的表现进行评价，包括其组织协调能力、沟通能力等方面。这可以通过定期与培训师沟通，了解他们在课程实施中遇到的困难和问题，为他们提供支持和指导。培训师评估的优势在于有助于提升培训师的综合素质，保障课程顺利实施。

（五）教学成果展示

教学成果展示是对老年学员学习成果的集中展示，可以通过线上线下的方式进行。例如，可以组织学员进行成果汇报、作品展示等活动，以展示他们在课程学习过程中所取得的进步。教学成果展示的优势在于激发老年学员的学习积极性，提高他们的成就感，同时也为其他学员提供学习榜样。

第四节　建设老年智能技术应用活动中心或体验基地

老年智能技术应用活动中心或体验基地应作为老年人社区中心的一部分，在这个创新的空间里，规划定位具有重要意义，它将指引工作人员如何塑造一个适应老年人需求、鼓励交流和学习的环境。基础设施的配置应充分考虑老年人的使用习惯和需求，同时提供最新的智能设备供他们学习和实践。强大的技术支持是活动中心的核心，无论是硬件设备，还是软件应用，都要得到全面的保障。持续改进是工作人员的信条，广大教育工作者应根据用户的反馈和经验，不断完善社区的设施和服务。资金筹措是实现这一切的重要保障，应通过各种途径，如捐赠、资助和合作等筹集所需资金。与此同时，工作人员还将积极寻求与其他社区机构的合作，以共享资源，互补优势，共同推动老年智能技术应用的普及和发展，以此成为一个生动的学习空间，让老年人在享受科技带来的便利和乐趣的同时，也能保持与时俱进，活跃思维。

一、精准的规划定位

在建设老年智能技术应用活动中心或体验基地的过程中，规划定位的重要性不言而喻。确定目标群体是规划的起点，因为只有清晰了解他们的需求和期望，工作人员才能为他们提供真正符合他们需要的服务。设计课程体系需要根据这些需求和期望进行，以确保课程的相关性和吸引力。空间布局与设施配置也需要基于目标群体的特性进行，以创造一个符合他们使用习惯的舒适环境。

（一）确定目标群体

在建设老年智能技术应用活动中心或体验基地的过程中，首要任务是明确目标群体。通过调查研究，了解社区内老年人的年龄分布、兴趣爱好、技术水平等特征，以便针对不同群体提供有针对性的教育和服务。在目标群体的确定过程中，可以与社区居委会、社区服务中心等机构合作，共同收集信息和做出评估。

（二）设计课程体系

课程体系的设计是活动中心或体验基地的核心内容。根据目标群体的需求和特点，制定相应的课程体系。课程可以包括基础操作、应用程序、互联网安全、生活技能等方面的内容。重点关注实用性、趣味性和可操作性，使老年人能够快速掌握和应用智能技术。同时，应根据老年人的学习能力和时间安排，合理安排课程难度和时长。

（三）空间布局与设施配置

活动中心或体验基地的空间布局和设施配置对于提供良好的学习环境至关重要。在规划过程中，应注重人性化和便利性。设计舒适的教室和学习区域，配备老年人适用的桌椅，保证学习过程的舒适性。配置所需的电子设备，如电脑、平板、智能手机等，并提供适应老年人需求的技术设置，如大字体、高对比度等。此外，确保网络设施畅通无阻，供老年人顺畅地访问互联网。

（四）社区资源整合

建设过程中，应与社区内的其他组织和机构开展合作，共享资源，共同开展智能技术应用教育。与社区居委会、社区服务中心合作，了解社区内老年人的需求和问题，获取相关资源支持。与学校、科研机构合作，邀请专家、教授举办讲座并指导，提供专业的智能技术支持。与志愿者团队合作，组织线上线下的学习活动和互动交流。

二、打造完善的基础设施

在建设老年智能技术应用活动中心或体验基地的过程中，全面加强基础设施的重要性在于其能够提供一个有效且舒适的学习环境。建设教学区和引进先进电子设备，使老年人能够在理想的环境中学习最新的技术。丰富的网络资源可以提供广阔的学习资料，满足不同的学习需求。建设互动区和体验区，能够让老年人在实践中学习，提高技术应用能力。完善的辅助设施和信息服务台，能够为广大社区老年人提供便利的服务，解决他们在学习过程中遇到的问题。因此，全面加强基础设施是实现活动中心或体验基地目标的关键。

（一）建设教学区

教学区是老年智能技术应用活动中心的核心区域，应设计为舒适、宽敞的教室和实验室。教室的座椅宜选择符合人体工学的椅子，保证老年人长时间坐姿的舒适性和支撑性。灯光应明亮柔和，避免刺眼和昏暗的情况。实验室则需要配备适当的设备和工具，包括智能设备、编程工具、电子元件等，以供老年人进行实践操作和技能培训。

（二）引进先进电子设备

在教学区和体验区中引进先进的电子设备是提高老年人智能技术应用能力的重要手段。这些设备包括智能手机、平板电脑、智能音箱等，应选择易用性高、操作简单的设备，界面设计应友好，文字和图标应清晰易读。此外，应提供个性化的设置选项，满足老年人不同的视力、听力和操作习惯。

（三）丰富网络资源

为了保障老年人的学习和互联网使用体验，建设老年智能技术应用活动中心需要提供稳定、高速的网络连接。应采用无线网络覆盖全区域，并提供多个独立的接入点，以确保老年人在任何区域都能够畅通地访问互联网。此外，还应设置合理的上网认证机制，确保网络的安全性和可靠性。

（四）建设互动区

互动区是老年人社区智能技术应用活动中心的重要组成部分，为老年人提供各种互动设施和活动。例如，设立智能游戏区域，提供老年人喜爱的智能游戏，以培养他们的注意力、反应和逻辑思维能力。另外，互动屏幕和虚拟现实体验装置可以提供沉浸式的学习和娱乐体验，让老年人能够更加亲身地感受到智能技术的魅力。

（五）建设体验区

体验区是展示智能技术在生活中应用的场所，为老年人提供实际体验的机会。例如，可以建设智能家居展示区，展示智能灯光、智能安防、智能健康管理等设备的使用方法和效果，让老年人亲自操作和体验智能家居的便利性和智能化的生活方式。另外，可以建设智能健康管理体验区，提供智能健康设备和应用的演示，让老年人了解如何通过智能技术来监测健康状况、管理药物、进行健身锻炼等，提升他们的生活质量和健康意识。

（六）完善辅助设施

除了教学和体验区域，还需要提供一系列辅助设施，以提升老年人的使用体验和舒适度。休息区应配备舒适的座椅和桌子，为老年人提供休息和社交的场所。洗手间应设有无障碍设施，便于行动不便的老年人使用。此外，还需设置无障碍通道，方便使用轮椅、助力车等辅助工具的老年人进出活动中心。

（七）信息服务台

信息服务台是老年人智能技术应用活动中心的重要服务设施，旨在提供咨询、指导和技术支持。工作人员应具备良好的沟通能力和专业知识，能够为老年人解答问题、提供技术指导，并及时解决他们的困惑和需求。信息服务台还可以提供相关的资料和参考书籍，帮助老年人进一步了解智能技术的应用和发展。此外，服务台还可以组织培训和讲座活动，让老年人能够学习新知识、了解技术趋势，并提供定期的技术更新和推广活动。

建设老年智能技术应用活动中心的基础设施需要充分考虑老年人的特点和

需求，提供舒适、便捷、安全的学习和体验环境。通过建设合适的教学区、引进先进的电子设备、丰富网络资源、设置互动和体验区、完善辅助设施以及设立信息服务台，可以为老年人提供多样化、创新性和有针对性的智能技术应用学习和体验场所。

三、提供强有力的技术支持

建设老年智能技术应用活动中心或体验基地的过程中，全面加强技术支持至关重要。其原因在于网络技术支持确保了平稳的在线环境，使得信息获取和交流无阻；设备技术支持让各类先进设备得以顺畅运行，满足各种实践操作的需求；软件技术支持为学习和应用提供了丰富的工具和平台；多媒体技术支持带来了生动且直观的学习体验，提高了学习的趣味性和效率；智能产品技术支持则拓宽了学习和应用的领域，让老年人体验到科技的前沿和魅力；而信息安全技术支持保障了个人信息的安全，让学习和应用更加安心。这些全面的技术支持，构成了成功建设老年智能技术应用活动中心或体验基地的重要基石。

（一）网络技术支持

在建设老年智能技术应用活动中心或体验基地的过程中，需要得到稳定、高速的网络技术支持。这包括建设局域网和无线网络覆盖，确保老年人可以畅通地访问互联网资源和在线学习平台。此外，网络技术支持还涉及网络设备的配置、维护和升级，以确保网络的可靠性和安全性。

（二）设备技术支持

为了提供良好的学习和体验环境，需要得到适当的设备技术支持。这包括引进先进的智能设备，如智能手机、平板电脑、智能音箱等，以及配备相应的硬件设备，如触摸屏、投影仪、音响等。设备技术支持还包括设备的安装、配置、维护和保养，以确保设备的正常运行和可靠性。

（三）软件技术支持

在建设老年智能技术应用活动中心或体验基地时，需要得到相关软件技术支持。这包括应用软件的选择和安装，如智能应用程序、学习平台、娱乐软件等。软件技术支持还涉及软件的更新和维护，以保持软件的稳定性和功能完善性。此外，需要提供适合老年人的软件界面设计，简化操作流程，提高用户友好性。

（四）多媒体技术支持

建设老年智能技术应用活动中心或体验基地需要得到多媒体技术支持。这包括多媒体设备的配置和使用，如投影仪、音频设备、摄像设备等，用于展示教学内容、举办讲座和演示活动。多媒体技术支持还涉及多媒体内容的制作和编辑，以提供丰富的教学和体验资源。

（五）智能产品技术支持

建设老年智能技术应用活动中心或体验基地需要得到智能产品的技术支持。这包括智能家居设备、智能健康产品、智能娱乐产品等。技术支持涉及设备的安装、配置、维护和故障排除，以确保智能产品的正常运行和可靠性。此外，还需要提供相应的技术培训，帮助老年人熟练使用智能产品。

（六）信息安全技术支持

在建设老年智能技术应用活动中心或体验基地时，信息安全技术支持至关重要。老年人在学习和使用智能技术过程中，需要保护个人隐私和数据安全。因此，需要采取相应的安全措施，包括网络安全、数据加密、身份认证等，以防止信息泄露和网络攻击。信息安全技术支持还包括安全意识教育和培训，帮助老年人提高对信息安全的认识和防范意识。

四、确保活动中心或基地建设方案的持续改进

在建设老年智能技术应用活动中心或体验基地的过程中，进行持续改进的作用与价值尤为突出。这是因为技术在不断发展，课程内容需要更新以反映最新的技术和应用。服务质量的提升可以增强老年人的学习体验，使他们更愿意参与和学习。技术设施的优化可以保证他们有最好的学习和实践环境，从而提高他们的学习效率和效果。管理模式的优化则可以使活动中心或体验基地运行得更加高效和顺畅。持续优化不仅能让活动中心或体验基地保持最新，也能保证老年人可以得到最好的学习体验和效果。

（一）课程内容更新

在建设老年智能技术应用活动中心或体验基地的过程中，持续改进课程内

容是很关键的。随着智能技术的不断发展，课程内容应及时更新，以适应新的技术和应用趋势。这包括引入新的课程模块、增加新的应用案例、提供最新的技术信息等，确保老年人能够学习到最新、最实用的知识。

为了实现课程内容的持续改进，需要建立一个教学团队或委员会，由专业人士、行业专家和老年人代表组成，负责跟踪智能技术领域的最新发展和趋势。定期举行会议或研讨会，讨论和评估课程的有效性和适应性，并根据反馈和市场需求做出相应的调整和更新。

在课程更新过程中，需要与技术供应商、行业协会和研究机构合作，获取最新的技术资料、应用案例和实践经验。可以邀请相关专家或从业者作为讲师或顾问，分享他们的经验和见解，为老年人提供权威的学习资源。

（二）服务质量提升

服务质量提升是持续改进的重要环节，它直接影响到活动中心或体验基地的运营效果和老年人的满意度。因此，需要对服务流程进行优化，提高服务效率和响应速度。同时，还需要加强员工的培训和素质提升，提升他们的专业知识和服务态度，以更好地满足老年人的需求。

1. 服务流程优化

对服务流程进行评估和改进是关键。需要确保老年人的需求得到及时的响应和解决，简化办事流程、提供预约服务、设置接待台等，以提高服务效率和便利性。例如，可以通过优化办事流程，减少不必要的步骤和时间，使老年人能够更方便、更快速地获取服务。另外，也可以提供预约服务，让老年人可以根据自己的时间安排预约服务，避免等待的时间。

2. 员工培训和素质提升

提高员工的专业能力和服务态度也是关键。可以通过定期的培训和教育，提高员工的专业知识和技能水平，包括智能技术的应用知识、沟通技巧、服务态度培养等。这样，员工在为老年人提供服务时，可以更专业、更热情、更周到，能够更好地满足老年人的需求。

3. 反馈和改进机制

在做好上述工作的基础上，还需要建立反馈和改进机制，收集老年人对服务的意见和建议。例如，可以设立意见箱，让老年人可以随时提出他们的建议和意见。另外，也可以定期开展满意度调查或座谈会，听取老年人的需求和期望，及时进行改进和调整。

4. 提供个性化服务

考虑到老年人的个体差异，应提供个性化的服务。了解老年人的兴趣爱好、健康状况、学习能力等，针对不同的需求提供差异化的服务方案，让每一位老年人都能得到满意的服务体验。

5. 定期评估和改进

定期评估和改进服务质量是必不可少的。可以通过定期的质量检查、评估和内部审查，发现问题并及时改进。同时，关注市场动态和行业发展趋势，不断优化服务策略和方式，以提升整体的服务质量和水平。

（三）技术设施优化

随着技术的进步，持续改进也包括技术设施的优化。活动中心或体验基地需要定期评估和更新设备及设施，确保其功能齐全、性能优良，并提供更好的用户体验。

1. 硬件设备更新

硬件设备的更新是提升用户体验的关键。应定期评估硬件设备的性能和功能是否满足需求，并及时进行更新和升级。例如，如果发现老年人使用的电脑和智能设备性能落后，也会影响到他们的学习效率和体验，这时就需要考虑更新至更快、更稳定的设备。

2. 软件系统升级

软件系统的升级也是非常重要的。随着科技的不断进步，软件系统的更新频繁，新的版本通常会提供更好的性能和更多的功能。因此，需要保持软件系统的最新版本，以确保安全性、稳定性和功能的完整性。同时，根据老年人的需求和反馈，对已安装的软件进行定期评估，并进行必要的升级和调整。

3. 网络设施改进

优质的网络连接是顺畅体验智能技术的前提。活动中心或体验基地需要保证网络设施的稳定和高速，能够满足多个用户同时在线的需求。可以定期进行网络质量评估，如发现网络速度慢或连接不稳定，应及时调整带宽和更新网络设备，以提供良好的上网体验。

4. 设备维护与保养

设备的维护和保养也不能忽视。设备的正常运行是老年人顺利学习的基础，因此，需要定期进行设备的清洁、检查电源线和插头、更换损坏的部件等维护工作。同时，建立设备的保养记录和维修计划，一旦发现设备有故障或问题，能够及时进行处理，避免影响到老年人的学习。

（四）管理模式优化

活动中心或体验基地应建立科学有效的管理体系，包括人员管理、资源管理、活动组织等方面。通过优化管理模式，可以提高工作效率、优化资源配置、提升组织运行效果，从而更好地满足老年人的需求和期望。

1. 人员管理优化

人员管理是管理模式优化的关键环节。应制定清晰的人员管理政策和流程，包括招聘、培训、绩效评估等。根据工作需求合理安排人员的岗位职责，明确工作流程，保证各项工作有序进行。同时，关注员工的专业发展和激励机制，提高团队的凝聚力和士气。

2. 资源管理优化

资源管理的优化也是十分重要的。应合理规划和管理资源，包括物质资源和人力资源，确保活动中心或体验基地的资源能满足老年人的需求。同时，建立资源调配机制，根据需求进行合理的资源分配和利用，避免资源的浪费和短缺。

3. 活动组织优化

活动组织的优化也是必不可少的。应建立活动策划和执行的标准化流程，包括活动主题的确定、场地的安排、材料的准备等。并定期评估活动效果，根据老年人的反馈和需求进行改进和调整。

4. 沟通与协作优化

加强沟通与协作也是管理模式优化的重要方面。建立良好的沟通渠道和协作机制，促进团队内部和团队与老年人之间的沟通与交流。定期召开会议、开展培训，加强团队的沟通能力和协作能力。并建立反馈渠道，及时收集老年人的意见和建议，以便进行改进和调整。

5. 监督与评估优化

建立有效的监督与评估机制也是不可忽视的。对活动中心或体验基地的运行进行定期的内部评估和外部评估，评估管理模式的有效性和活动效果的质量，并根据评估结果进行改进和调整，不断提高管理水平和服务质量。

6. 创新与改进意识培养

培养团队的创新与改进意识也是十分重要的。鼓励团队成员提出新的想法和建议，推动管理模式的创新和改进。建立激励机制，奖励具有创新思维和贡献的团队成员，激发团队的创新活力。这不仅有助于提升整个团队的创新能力，也有助于持续优化管理模式，提升服务质量。

在优化管理模式的过程中，要始终牢记目标是提高服务质量、满足老年人的需求。因此，所有的改进措施都应以用户为中心，注重听取和尊重老年人的反馈和建议。只有这样，活动中心或体验基地才能真正做到以人为本，提供满意的服务。

同时，管理模式的优化也需要一个过程，需要团队有耐心和恒心，持续投入和改进。在该过程中，可能会遇到各种困难和挑战，但只要团队始终保持着对老年人的尊重和热爱，始终以提高服务质量为目标，就一定能够成功。

五、全方位拓展资金筹集渠道

在建设老年智能技术应用活动中心或体验基地的过程中，全面的资金筹措所发挥的保障作用较为明显。其间，政府资助可提供稳定的基础支持；社会捐赠则能让更多人参与并支持这个有意义的项目；企业合作不仅可以带来资金，还可以引入先进的技术和设备，丰富教学资源；社区支持则能体现社区的共识，带来持续的推动力。资金筹措是实现项目目标的基础，它为购置设备、开发课程、提供服务以及进行持续优化等活动提供了必要的财务支持。

（一）政府资助

政府是重要的资金来源之一。可以通过申请政府的专项资金或项目资助来支持建设和运营老年智能技术应用活动中心或体验基地。例如，可以申请社会福利、老龄事务等相关领域的资助项目，获得资金和政策支持。

（二）社会捐赠

社会捐赠是另一个重要的资金筹措途径。可以开展募捐活动，向社会各界征求资金捐助。与慈善机构、社会团体、企业以及个人合作，组织筹款活动，通过公开透明的方式募集资金，用于建设和维护老年智能技术应用活动中心或体验基地。

（三）企业合作

与企业进行合作也是一种筹措资金的途径。可以与科技公司、电信运营商、智能设备制造商等企业合作，共同开展项目建设和运营。企业可以提供资金支持、技术设备、人才培训等方面的帮助，实现资源共享和互利共赢。

（四）社区支持

积极争取社区的支持和参与也是筹措资金的方式之一。通过与社区建立良好的合作关系，争取社区资源和资金的支持。可以与社区居委会、社区组织、社会团体等合作，共同开展募捐、活动筹备等工作，获得社区居民的支持和捐助。

在筹措资金的过程中，需要制订详细的资金筹集计划和方案，包括资金需求的具体分析和规划、资金筹集的时间表和渠道选择等。同时，要注重与相关机构、企业和个人进行有效的沟通和协商，明确项目的价值和意义，以吸引更多的资金支持。还应加强资金使用的透明度和监督，确保资金的有效利用和项目的可持续发展。通过多方合作和努力，才能成功筹集足够的资金，支持老年智能技术应用活动中心或体验基地的建设和运营。

六、与其他社区机构合作

在建设老年智能技术应用活动中心或体验基地过程中，与其他社区机构的合作具有重要意义。通过明确共同目标，各机构可以共同推动项目的实施。资源共享可以最大化利用社区的资源，提高效率，同时减少重复投入。探索新的合作项目可以持续推动活动中心或体验基地的发展，保持其活力和吸引力。专业支持则可以提升活动中心或体验基地的专业水平，提供更高质量的服务。这种合作模式可以帮助活动中心或体验基地更好地满足老年人的需求，促进其持续健康发展。

（一）明确共同目标

在与其他社区机构合作时，要明确共同的目标和利益。双方应明确合作的目的和意义，以确保合作的方向和目标一致。共同的目标可以包括提升老年人的生活质量、推动智能技术在老年群体中的应用、促进社区发展等。通过明确共同目标，可以增强合作的意愿和动力。

（二）大力推进资源共享

在合作过程中，应充分发挥各方的优势，推动资源的共享。可以通过共享场地、设备、人员等资源，实现资源的最优配置和充分利用。例如，与社区卫生服务中心合作，共享医疗设备和医护人员，为老年人提供智能健康管理服务。同时，还可以与教育机构合作，共享教育资源和教学人员，提供智能技术培训课程。

（三）不断探索新的合作项目

在合作过程中，应不断探索新的合作项目和领域，拓宽合作的范围。可以联合开展研究项目，共同探索老年人智能技术应用的最佳实践和创新方法。还可以共同组织智能技术应用的展览、讲座、培训等活动，提高社区居民对智能技术的认知和应用水平。

（四）不断给予专业支持

在合作全过程中，要为其他社区机构提供专业的支持和服务。可以派出专业团队，为合作机构提供智能技术培训、咨询和技术支持。通过提供专业支持，可以提高其他社区机构在智能技术应用教育方面的能力和水平，进一步推动智能技术在老年人群体中的应用。

第五节　老年人社区智能技术应用教育效果的智能化评估

老年人社区智能技术应用教育效果的智能化评估有着特殊的意义，具体表现为：借助人工智能辅助分析，可以高效精确地评估每位学员的进步和困难，从而定制化调整教学策略；虚拟现实技术的使用，让评估过程更生动，增加了参与度和准确性；数据追踪与分析则使得评估具有连续性，能反映学员的长期学习趋势和变化；生物识别技术的运用，能更直观、准确地评估学员的身心反应，从而进一步提升教学质量。

一、智能化评估的意义

在人口老龄化日益加剧的背景下，智能技术在提升老年人生活质量方面扮演着重要角色。智能化评估不仅能精准测量教育效果，还能为后续教育计划提供数据支持。智能技术教育对老年人而言，是一种重要的知识传递方式。它有助于缩小数字鸿沟，提升老年人对现代科技的理解与运用能力。随着智能手机、平板电脑等设备的普及，老年人越来越需要掌握这些技术以适应社会发展。智能化评估能够有针对性地监测教学过程，及时调整教学方法，确保教育效果最大化。

另外，智能化评估的实施有助于提高教育资源的使用效率，因为通过收集和分析数据，教育工作者可以更好地了解老年人的学习需求和偏好，从而设计更加个性化的教学内容和方法。这不仅提升了教育的有效性，也增强了老年人的学习兴趣和参与度。在社会层面，智能化评估的应用对推动老年教育的创新发展具有积极影响。随着评估技术的进步，可以更精确地识别教育效果的关键影响因素，为政策制定和资源配置提供科学依据。这对于构建包容、智能、高效的老年教育体系具有重要意义。

二、智能化评估的方法及其流程

（一）人工智能辅助分析

在老年人社区智能技术应用教育效果的智能化评估中，使用人工智能辅助分析技术具有明显优势。具体表现为：它能在大量数据的收集与预处理中，提供自动化、高效的解决方案；通过模型选择与训练，人工智能能精准识别学员学习情况的各种模式；在模型评估与优化阶段，人工智能能自我修正，持续提高预测准确度；人工智能的智能化分析，能从大量数据中提炼出有价值的信息，帮助教育工作者更好地理解学员的学习状态，进行针对性的教学调整；而通过可视化展示，教育工作者和学员都能更直观地了解学习效果，从而更有针对性地进行改进。

1. 数据收集与预处理

（1）数据的收集。

针对老年人社区智能技术应用教育，首先，需要收集学员的基本信息，包括年龄、性别、教育背景等。其次，还需收集学习行为数据，如学习时间、学习频率、使用的教育平台等。最后，学习成绩和学员的反馈意见也是重要的收集内容。这些数据来源可以包括问卷调查、在线平台记录以及实地观察等多种途径，以确保收集到全面而准确的数据。

（2）数据的预处理。

进行数据预处理是为了将原始数据转化为适合人工智能辅助分析的格式。首先，进行数据清洗，即去除重复、错误和不完整的数据，以确保数据的准确性和一致性。其次，进行数据转换，将原始数据转换为适合分析的形式，例如将文本数据转化为数值或分类数据。最后，进行数据整合，将不同来源的数据进行关联和融合，以便综合分析和综合判断。

2. 特征工程

在特征工程方面，特征提取和特征选择是数据分析中关键的步骤，对于智能化评估尤为重要。

（1）特征提取。

这些特征可以包括学员特征，如年龄、性别、学历等，以及课程特征，如课程类型、课程难度等；还可以包括学习行为特征，如学习时长、学习频率、互动次数等；以及包括成绩特征，如考试成绩、作业成绩等，也是重要的提取对象。通过特征提取，可以将原始数据转化为具有实际意义的特征表示，为后续的分析提供基础。

（2）特征选择。

在特征选择过程中，可以利用相关性分析、主成分分析等方法进行评估。相关性分析可以衡量特征与教育效果之间的相关程度，从而确定哪些特征对于预测和评估是最具有意义的。而主成分分析则可以将高维特征转化为低维特征，提取主要的信息，减少数据的复杂度。

3. 模型选择与训练

在完成特征工程后，需要选择合适的模型进行人工智能辅助分析。常用的模型包括线性回归、逻辑回归、支持向量机、决策树、神经网络等。选择模型时需要考虑模型的可解释性、预测准确性以及计算复杂性等因素。之后要将处理好的数据输入模型进行训练，训练过程中需要调整模型参数，以获得最优的预测效果。可以通过交叉验证、网格搜索等方法来选择最佳参数组合。

4. 模型评估与优化

在模型训练完成后，需要对模型的预测效果进行评估。可以使用准确率、精确率、召回率、F1 值等指标来评估模型的性能。同时，还需关注模型的过拟合和欠拟合现象。之后要根据模型评估结果，对模型进行优化。优化方法包括调整模型参数、使用正则化项、集成学习等。优化后的模型应具有较高的预测准确性和泛化能力。

5. 辅助分析的应用

在老年人社区智能技术应用教育效果的智能化评估中，人工智能辅助分析技术具有明显优势。它能在大量数据的收集与预处理中提供自动化、高效的解决方案，为教育工作者和学员提供更精确的评估和反馈。具体应用包括三个步骤：

（1）教学效果预测。

人工智能辅助分析利用模型选择与训练，能够精准识别学员学习情况的各种模式。通过对大量收集到的数据进行训练，模型能够深入了解学员的学习特点、发现他们的弱势领域和潜在的优势。这为教育工作者提供了更全面的学员画像，使他们能够更好地了解学员的学习状态。基于这些信息，教育工作者可以为学员提供个性化的教学策略和支持。通过深入分析学员的学习模式和特点，教育工作者可以根据学员的需求和学习目标，有针对性地设计教学内容和教学方法，以帮助他们充分发挥潜力，弥补弱势领域，并促进他们在学习上取得更好的成果。人工智能辅助分析的精准识别能力为教育工作者提供了有力的工具，使教学更加个性化和有效。

（2）影响因素分析。

人工智能辅助分析在模型评估与优化阶段具备自我修正的能力，以持续提高预测准确度。通过不断反馈和更新模型，它能根据实际情况进行调整和改进，从而提高对学员学习效果的准确预测能力。这为教育工作者提供了更准确的学员评估工具，使他们能够更好地了解学员的学习进展。

通过持续的模型评估和优化，人工智能辅助分析能够对模型进行改进和调整，以适应不断变化的学习环境和学员需求。通过与实际数据的对比和分析，它可以识别出模型中的潜在偏差或不足，并自我修正以提高准确性。这使得教育工作者能够更及时地了解学员的学习进展和困难，及时进行教学调整和干预，以确保学员取得更好的学习效果。

人工智能辅助分析的自我修正能力使教育工作者能够根据实际情况进行针对性的改进，从而提高教学的效果和学员的学习成果。它不仅能够为教育工作者提供更准确的评估工具，还能为学员提供更有针对性的支持和指导。通过持续的优化和调整，人工智能辅助分析成为教育工作者和学员在学习过程中的重要伙伴，共同实现学习的最佳结果。

（3）学习路径推荐。

通过对学员的学习行为、学习成绩等数据进行分析，可以帮助教育工作者识别影响学习效果的关键因素。例如，通过分析学习环境、学习方式、互动方式等特征对学习效果的影响程度，可以更好地了解不同因素对学习成果的贡献。这为教育工作者提供了指导，使其能够更有针对性地调整教学策略，提供更有效的教育服务。

6. 可视化展示

将人工智能辅助分析的结果通过可视化的方式展示出来，以便于教育工作者快速、直观地了解分析结果。常用的可视化工具包括柱状图、折线图、热力图等。可视化展示应突出三个方面：一是教育效果概览，展示各项教育指标的整体情况，如学习成绩、学员满意度等；二是影响因素分析，展示不同特征对教育效果的影响程度，以便识别关键影响因素；三是学习路径推荐，展示为不同类型学员推荐的学习路径，以帮助他们制订合适的学习计划。

（二）虚拟现实技术分析

在老年人社区智能技术应用教育效果的智能化评估中，进行虚拟现实技术分析有着独特的价值。在此期间，通过设计虚拟现实课程和搭建虚拟现实实验环境，老年人能在真实且安全的环境中进行学习和实践。这种环境可以收集到学员在实际操作中的详细数据和行为信息，这对于深入了解学员的学习情况和需求非常有帮助。基于虚拟现实的学习成果评估可以更真实、全面地反映学员的学习效果。数据的反馈与调整及长期跟踪，能帮助教育工作者持续改进教学方法，提升教学效果。而数据分析与可视化，能使学员和教育工作者更直观地了解学习进展，从而更有动力进行学习和教学。

1. 设计虚拟现实课程

先了解老年人的学习需求、兴趣和身体条件，然后根据这些信息设计内容丰富、易于理解和操作的课程。课程可以涵盖健康管理、养生保健、文化娱乐等方面，以激发老年人的学习兴趣。

2. 搭建虚拟现实实验环境

为了让老年人能够充分体验虚拟现实课程，需要搭建一个舒适、安全的虚拟现实实验环境。具体包括选择适合老年人使用的虚拟现实设备（如佩戴舒适的头戴式显示器）、设置合适的场景和交互方式（如简单的手势识别、语音控制等），以及提供现场指导和技术支持。

3. 收集数据与行为分析

在虚拟现实课程进行过程中，可以通过虚拟现实设备和平台收集学员的行为数据，如眼动追踪数据、操作日志、语音输入等。结合这些数据，可以对学员在虚拟环境中的学习行为进行分析，以了解他们的学习状态、注意力分布和操作习惯等。

4. 基于虚拟现实的学习成果评估

虚拟现实技术可以为老年人学习效果评估提供新途径。通过设置虚拟环境中的任务和挑战，可以检验学员在课程中所学的知识和技能。例如，通过模拟的健康管理场景，检验学员对健康知识的掌握情况。评估结果可以作为教育效果评估的重要依据。

5. 虚拟现实教育效果的反馈与调整

根据虚拟现实学习成果评估的结果，及时为老年人提供个性化的反馈和建议。例如，针对学员在虚拟环境中的操作困难，可以提供更为详细的指导和支持。同时，根据反馈情况调整虚拟现实课程的内容和难度，以提高教育效果。

6. 虚拟现实教育效果的长期跟踪

为了评估虚拟现实课程对老年人学习效果的长期影响，需要进行长期跟踪研究。可以通过定期的问卷调查、访谈和实地观察等方法，了解学员在完成虚拟现实课程后的学习成果保持情况、生活质量的变化以及对课程的满意度等。通过长期跟踪研究，可以发现虚拟现实课程在不同阶段容易出现的问题，并及时进行调整和优化。

7. 数据分析与可视化

将收集到的虚拟现实教育数据进行整理、分析和可视化，以便于教育工作者快速、直观地了解教育效果。数据分析主要包括对学员行为数据、学习成果评估数据以及长期跟踪数据的分析，以找出影响教育效果的关键因素。可视化展示方面，可以采用柱状图、折线图、热力图等形式直观地展示。

（三）数据追踪与分析

在老年人社区智能技术应用教育效果的智能化评估中，进行数据追踪与分析的意义较为重要。数据的收集、存储、管理和预处理，为精准分析打下基础。特征的提取与选择，以及数据建模，能从复杂的数据中提炼出对教育效果影响最大的因素。构建的评价指标体系，使得教育效果的评估更加科学、系统。优化与调整，以及数据可视化展示，让评估结果更具实用性和易于理解。定期评估与长期跟踪，能反映出学员的学习进步和教学方法的效果变化。最后，分析结果的应用与推广，能使评估工作的价值得到最大化。

1. 明确数据收集策略

在老年人社区智能技术应用教育效果的智能化评估中，明确的数据收集策略是确保评估工作顺利进行的基本前提。具体操作步骤有：一是确定收集的数据类型，包括学员的基本信息、学习过程中的行为数据、学习成果数据等，这些数据类型能够提供全面的学员信息，帮助教育工作者了解学员的背景、学习行为以及学习成果；二是确定数据来源，数据可以来自学习平台记录、教师评价、问卷调查等多种渠道，通过多渠道的数据收集，可以获取多样化的信息，从而更准确地评估学员的学习效果和教学的有效性；三是制定出合适的数据收集频率，根据评估的需求，可以选择实时、每日、每周等不同的频率进行数据收集，确保数据收集的频率与评估的周期相匹配，以满足及时分析和反馈的要求。

2. 开展数据存储与管理

为了确保数据的安全性和完整性，需要建立专门的数据存储和管理系统。可以采用云存储和数据库等方式进行数据存储，并定期进行数据备份，以防止数据丢失或损坏。同时，保护数据的隐私和安全性也是非常重要的，需要遵循相关法规和政策，采取适当的措施保护数据的安全。建立专门的数据管理系统可以提高数据的可追溯性和可访问性，使教育工作者和评估人员能够方便地获取所需的数据。数据管理系统还可以对数据进行分类、归档和整合，便于后续的分析和使用。

3. 进行数据预处理

数据预处理是数据分析的关键步骤，包括数据清洗和数据转换。首先，进行数据清洗，即剔除异常、重复和无关的数据。通过清洗数据，可以提高数据的质量和准确性，减少分析过程中的干扰因素。其次，进行数据转换，将不同数据源的数据统一为相同的格式和单位，以便后续的分析。数据转换还可以将原始数据进行聚合、计算或变换，生成更有意义的特征，提供更多的分析维度。

通过数据预处理，可以为后续的数据分析和建模打下基础，提供干净、一致且可靠的数据集。数据预处理的目标是消除数据中的噪声和冗余，使数据更具可解释性和可用性。数据预处理还可以帮助教育工作者更好地理解数据的特征和分布，为后续的特征提取和模型构建提供更有价值的信息。

在数据预处理过程中，需要注意数据的完整性和准确性。确保没有缺失值或错误的数据存在，并进行适当的填充或校正。另外还需对异常值进行识别和处理，以避免对分析结果产生负面影响。

4. 特征提取与选择

特征提取与选择是数据分析的关键步骤。根据老年人社区智能技术应用教育的目标和需求，首先从原始数据中提取有意义的特征，如学习时长、完成任务数量、互动频次等。其次利用相关性分析、主成分分析等方法筛选出与教育效果最相关的特征，从而降低模型复杂度，提高分析效率。

5. 数据建模与分析

数据建模是在老年人社区智能技术应用教育效果评估中的关键步骤之一。

通过对已筛选的关键特征进行分析和挖掘，选择适合的机器学习算法进行数据建模。常用的算法包括线性回归、决策树、神经网络等。利用训练集对模型进行训练，并调整模型参数以获得最佳的拟合效果。

通过数据建模，可以挖掘出学员学习行为与教育效果之间的关联，为优化教育策略提供依据。通过模型的预测结果，教育工作者能够了解不同因素对教育效果的影响程度，从而进行有针对性的改进和调整。数据建模能够帮助教育工作者深入分析学员的学习特点和模式，为教育策略的优化提供科学支持。

6. 教育效果评价指标体系构建

构建一个全面、客观的教育效果评价指标体系对于老年人社区智能技术应用教育的评估至关重要。该指标体系应包含学习过程指标（如学习时长、任务完成情况）、学习成果指标（如知识掌握程度、技能提升情况）以及学员满意度指标（如教学质量评价、课程满意度调查）等方面的指标。

构建评价指标体系能够使教育效果的评估更加科学、系统。通过明确的指标体系，教育工作者能够更准确地了解教育效果的不同维度和层面，并进行全面的评估。评价指标体系为教育工作者提供了一个基于数据的评估框架，有助于全面了解教育效果的优势和改进点。

7. 教育效果优化与调整

基于数据分析结果和教育效果评价指标体系，教育工作者可以进行教育效果的优化与调整。根据数据分析的结论和教育效果评价的反馈，教育工作者可以针对学员的学习行为特点和需求，调整教学内容、教学方法以及教学环境等方面。

通过不断优化教育效果，教育工作者能够提高老年人社区智能技术应用教育的质量。优化和调整的教育效果是一个持续的过程，需要教育工作者不断反思和改进教学策略，以适应不断变化的学员需求和学习环境。通过数据分析和评估结果的指导，教育工作者可以更加准确地了解教育效果的优势和不足，进而采取相应的措施来提高教学质量。

8. 数据可视化展示

将数据分析结果进行可视化展示是向教育工作者传递信息的重要手段。通过采用柱状图、折线图、热力图等可视化方式，可以直观地反映教育效果、学习行为特点等。

数据可视化有助于教育工作者更加直观、清晰地了解教育效果的情况，从而进行有针对性的改进。可视化展示的结果能够帮助教育工作者发现数据中的趋势、模式和异常情况，以便更好地理解数据背后的含义，并根据展示结果采取相应的行动。

9. 定期评估与长期跟踪

为了确保教育效果的持续提升，定期评估和长期跟踪是必不可少的。定期评估能够帮助教育工作者及时了解学员的学习进展和教学方法的效果变化。通过定期评估，教育工作者能够及时发现教学过程中的问题，并采取相应的改进措施。

还有一点需要提起高度重视，即进行长期跟踪研究可以了解学员在完成课程后的知识和技能保持情况，以及对课程的满意度等。通过长期跟踪，教育工作者可以更全面地了解教育效果的持久性和延续性，为教育策略的长期规划提供依据。

10. 分析结果的应用与推广

将数据分析结果应用于实际教育过程中是评估工作的最终目标。通过将分析结果应用于教学实践中，如优化课程设计、调整教学方法、改进教学环境等，可以提高教育质量和学员的学习成果。同时，成功的经验和做法也可以推广到其他相关领域，促进老年人社区智能技术应用教育的发展。

（四）生物识别技术

生物识别技术在老年人社区智能技术应用教育效果的智能化评估中发挥着无可替代的作用。通过身份验证与考勤，生物识别技术能确保学员的参与度和学习的真实性。注意力监测功能可以实时反馈学员的学习状态，提高教学的针对性和有效性。心理状态评估可以帮助理解学员的情感需求，增进教学的人性化。个性化学习推荐，让每位学员都能得到最适合自己的学习资源和方法。自动评分与反馈，不仅节省了大量的人力资源，也使评估更加公正、客观。

1. 身份验证与考勤

在老年人社区智能技术应用教育中，生物识别技术可以用于身份验证和考勤。例如，利用指纹识别、面部识别等技术进行学员身份确认，防止冒名顶替。此外，利用生物识别技术可以实现自动化、准确的考勤，避免传统人工考勤会出现的错误，为教育管理者提供准确的学员出勤数据。

2. 注意力监测

在教育过程中，通过生物识别技术监测老年学员的注意力。例如，利用眼球追踪技术实时监测学员的视线，判断他们是否专注于课程内容；或采用脑电波监测设备，分析学员的大脑活动，了解他们在学习过程中的注意力水平。这些数据有助于教师了解学员的学习状态，从而调整教学方法和内容，提高教育效果。

3. 心理状态评估

生物识别技术可用于评估老年学员的心理状态。通过收集学员的生理数据（如心率、血压、皮肤电导等），结合相关算法，分析学员在学习过程中的情绪波动，如紧张、愉悦、焦虑等。了解学员的心理状态有助于教师调整教学策略，以满足不同学员的需求，营造一个良好的学习氛围。

4. 个性化学习推荐

根据生物识别技术收集的数据，为老年学员提供个性化的学习推荐。例如，分析学员的注意力数据、心理状态数据等，挖掘学员的学习偏好和需求，为他们推荐合适的课程、学习资料和学习方法。个性化推荐有助于提高学员的学习兴趣和积极性，从而提高教育效果。

5. 自动评分与反馈

生物识别技术可以辅助实现自动评分与反馈。例如，在进行口语或表演类练习时，利用语音识别和人脸识别技术，自动评估学员的表现，并提供即时反馈。这样不仅提高了评分的准确性和客观性，还可以为教师节省大量时间，使他们能更专注于教学过程和学员的个性化需求。

第五章　老年人社区智能技术应用教育的实践路径构建

在数字时代，为老年人提供量身定制的数字服务和教育已成为关键课题。本章将从五个实践路径探讨老年人在数字化生活中的赋能、教育和支持。数字赋能旨在实现高频事件和服务场景的个性化定制；智慧养老关注网络理论课程和数字技能实践活动的开展；数字助老则致力于结合老年人需求提供个性化指导与服务；数字反哺强调在家庭环境中进行逆向教育；而数字包容则探索老年人数字生态系统的协同建设。通过老年人社区智能技术应用教育的实践路径构建，势必会为老年人搭建一个更加包容、便捷、高效的数字化生活环境。

第一节　数字赋能：高频事件和服务场景的量身定制

随着科技的迅速发展和社会的进步，智能技术已经深入到了人们日常生活的方方面面。然而，许多老年人在面对这些新兴技术时，却感到力不从心。为了帮助老年人更好地适应数字化时代，本节着重探讨如何通过"数字赋能：高频事件和服务场景的量身定制"来提升老年人的智能技术应用能力。本节首先从需求调研出发，深入了解老年人在高频事件和服务场景中的实际需求；其次通过分层次课程设置，满足不同年龄、认知水平和技能需求的老年人；再次采用场景模拟和案例教学，让老年人在具体场景中学习和实践，提高技能运用能力；最后通过个性化辅导，针对老年人的特点和需求，给予更加精准的教学指导。希望通过这一系列措施，让老年人在智能技术应用教育中更加得心应手，充分享受科技带来的便捷生活。

一、需求调研

为了实现数字赋能，全面开展老年人的实际需求和喜好调研活动无疑应置于首位。其中，需求调研可以帮助广大学者和研究人员了解老年人在高频事件和服务场景中的需求，从而为他们提供更加精准的教育内容。

（一）明确调研目标

在进行需求调研前，首先要明确调研的目的、范围和目标人群。例如，本次调研的目的是了解社区老年人在生活照料、医疗护理、精神慰藉等方面的需求，以便为他们提供更好的数字赋能服务。其次应明确调研范围，如城市或乡村社区、特定年龄段的老年人等。

（二）制订调研计划

在明确老年人社区智能技术教育需求调研目标的基础上，随之要制订出详细的调研计划，其内容应包括调研时间、调研地点、人员配置、预算四个方面。

针对调研时间而言，是指确定调研的起止时间，确保有足够的时间收集、分析数据并根据结果调整教育内容。针对调研地点而言，是指选择合适的调研地点，如社区活动中心、养老院、医疗机构等，以便更好地了解目标人群的需求。针对人员配置而言，是指确定调研团队的人员配置，包括负责人、调研员、数据分析师等。确保团队成员具备相关经验和技能，能够高效地完成调研任务。针对调研预算而言，是指根据调研计划制定预算，包括人力成本、材料费用、交通费用等，确保调研回收率和调研质量。

（三）采用多种调研方法

在数字赋能的过程中，针对高频事件和服务场景进行量身定制是关键。为了更好地了解老年人的需求和期望，可以采用多种调研方法，如访谈法、问卷调查、观察法和座谈会。这些方法可以帮助广大学者和研究人员更全面地了解老年人在高频事件和服务场景中的需求，从而制定更有效的解决方案。

1. 访谈法

通过深入到社区进行访谈，教育工作者和研究人员可以了解老年人在高频

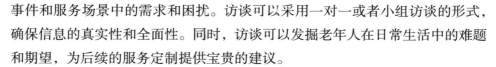

事件和服务场景中的需求和困扰。访谈可以采用一对一或者小组访谈的形式，确保信息的真实性和全面性。同时，访谈可以发掘老年人在日常生活中的难题和期望，为后续的服务定制提供宝贵的建议。

2. 问卷调查

设计精准的问卷，覆盖老年人在高频事件和服务场景中经常会遇到的问题，并通过线上或线下形式进行问卷调查，以便收集广泛的意见，最终通过分析问卷数据，找出老年人的共性需求，为数字赋能提供依据。

3. 观察法

通过直接观察老年人在高频事件和服务场景中的行为，研究人员可以更加直观地了解他们的需求。观察法可以包括参观老年人的居住环境、参与他们的活动等。这种方法有助于揭示老年人在现实生活中的实际需求，为数字赋能方案提供实用性指导。

4. 座谈会

组织老年人参与座谈会，让他们在轻松的氛围中自由发表意见和建议。座谈会可以邀请老年人代表、社区工作者、技术专家等共同参与，以提供多元视角。在座谈会上，老年人可以畅所欲言地讨论高频事件和服务场景中的问题和解决方案，从而为数字赋能提供有价值的参考。

（四）多方参与

在调研过程中，要充分发挥政府、企业、社区、家庭等多方的作用，共同参与老年人需求调研。例如，邀请社区工作人员、养老服务机构代表、家庭成员等参与调研，提供宝贵的意见和建议。此外，还可以邀请学术界和产业界的专家学者参与调研，确保调研结果的全面性和权威性。

（五）数据分析

将收集到的数据进行整理和分析，挖掘老年人在高频事件和服务场景中的需求特点和规律。可以运用统计学方法、专家评审法等，确保分析结果的科学性和客观性。其中，在数据整理方面，将收集到的数据进行分类整理，归纳出各类需求的主要特点，为后续分析提供基础；在数据统计方面，要运用统计学方法，如描述性统计、相关性分析等，对数据进行量化分析，揭示老年人在高频事件和服务场景中的需求规律；在专家评审方面，应邀请专家对调研结果进行评审，从行业角度和实践经验出发，提出对数据分析的意见和建议，确保分析结果的科学性和客观性；在需求挖掘方面，要结合数据分析和专家评审，深入挖掘老年人在高频事件和服务场景中的需求特点，为课程设置、教学设计等提供依据。

（六）调研成果分享

将调研成果以报告、论文等形式进行汇报和分享，为政策制定、服务设计等提供依据。同时，及时向老年人反馈调研成果，让他们了解自己的需求得到了关注和认可。具体操作在于编写报告、撰写论文、举办研讨会、反馈老年人四个方面。其中，编写报告是指将调研成果整理成报告，详细阐述调研过程、方法、结果等，为政策制定和服务设计提供参考。撰写论文是指在学术期刊、会议等平台上发表论文，分享老年人社区智能技术应用教育的需求调研和成果，促进相关领域的发展。举办研讨会是指邀请政府部门、企业、社区、养老服务机构等相关方参加研讨会，共同探讨老年人社区智能技术应用教育的发展方向和策略。反馈老年人是指通过座谈会、宣讲会等形式，将调研成果向老年人反馈，让他们了解自己的需求得到了关注和认可。同时，也可以倾听老年人对调研成果的意见和建议，进一步完善和优化调研工作。

二、分层次课程设置

根据调研结果，为适应不同年龄、认知水平和技能需求的老年人，广大教育工作者可以分层次地设置课程。例如，提供基础课程、进阶课程和高级课程，让老年人根据自己的实际情况选择合适的课程。

（一）调研分析

在进行分层次课程设置之前，先要对需求调研成果进行全方位的分析，了解老年人的实际需求、知识水平和技能掌握情况。这有助于为分层次课程设置提供依据，确保课程设计更贴合老年人的需求。

（二）划分层次

根据调研结果，将社区老年人分为不同层次，如初级、中级、高级等。在划分过程中，要充分考虑年龄、认知水平、技能需求等因素，确保层次划分科学合理。

初级课程针对年龄较大、认知能力和技能需求较低的老年人。课程内容应注重基础的数字技能教育，包括计算机基本操作、智能手机使用、网络安全等。教育工作者可以通过简单明了的讲解和实际操作演示，帮助老年人掌握基本的数字技术应用。

中级课程针对具备一定认知能力和技能需求的老年人。课程内容可以涉及进阶的数字技术应用，如移动支付、使用社交软件、网络安全等。教育工作者可以引导老年人进行实际操作和案例学习，提供相关技巧和注意事项，让他们能够更加熟练地应用数字技术。

高级课程针对具备较高认知能力和技能需求的老年人。课程内容可以更加深入和全面，包括智能家居应用、在线医疗咨询等。教育工作者可以通过案例分析、讨论和实践项目等形式，培养老年人的创新思维和实际操作能力，让他们能够更好地应对数字化时代的挑战。

（三）设计课程内容

1. 初级课程

初级课程的设计应注重基础概念和操作方法的讲解。教育工作者可以通过图文并茂的讲解和实际演示，帮助老年人了解计算机基本操作、智能手机使用、网络安全等方面的知识和技能。同时，可以提供简单的练习和实践任务，让老年人能够在实际操作中巩固所学内容。

2. 中级课程

中级课程的设计应涉及一些实用技能和应用场景。教育工作者可以通过案例教学和模拟场景练习，让老年人更好地掌握移动支付、在线购物、健康管理等数字技术应用。此外，可以引导老年人进行小组合作和互动学习，以促进他们在实际应用中的技能运用能力。通过与教育工作者和同伴的互动，老年人可以分享经验、解决问题，并从中获得更多的学习收获。

3. 高级课程

高级课程的设计应更加深入和全面，涵盖更高级的数字技术应用和技能培养。教育工作者可以引入更复杂的案例和项目，让老年人参与实际的智能家居应用、在线医疗咨询等场景。通过开展讨论和团队合作，老年人可以深入研究和探索这些领域，并从中培养创新能力和解决问题的能力。

三、场景模拟

在数字化教育的过程中，场景模拟的方式能够让老年人更直观地理解和掌握技能。通过模拟真实的服务场景，老年人可以在实践中学习，提高他们的技能运用能力。

（一）调研分析

对于场景模拟的前期准备，广泛的走访调查是必不可少的步骤。社区工作人员需要深入了解老年人的实际需求和生活场景，以便为他们提供更贴近实际的教学内容。访谈法、问卷调查法等多种方式都可以使用，通过这些方法可以获取到老年人在高频事件和服务场景中普遍会遇到的问题和挑战。

（二）确定模拟场景

场景模拟的核心是模拟场景的选择和设计。选择的场景应该是老年人日常生活中最常见、最需要掌握的智能技术应用场景，如医疗咨询、生活缴费、亲友互动等。

（三）设计场景内容

为每个模拟场景设计具体的内容和任务。例如，在医疗咨询场景中，可以设计挂号、在线问诊、取药等任务；在生活缴费场景中，可以设计水电煤缴费、物业费缴纳等任务。同时，为了提高教学质量，可以邀请行业专家和老年人代表参与场景内容的设计，确保内容贴近实际、易于理解和操作。

（四）准备教学资源

根据场景内容，准备相应的教学资源，如教学软件、硬件设备、实物道具等。确保资源的真实性和可操作性，以便老年人能够顺利进行场景模拟。例如，在模拟超市购物场景时，可以提供真实的购物篮、收银台和 POS 机等设备。

（五）教育引导

在场景模拟过程中，教育工作者要充分发挥引导作用，帮助老年人理解任务要求，掌握操作方法。可以通过讲解、示范、实操等方式进行。同时，针对老年人的特点，可以采用更加生动、形象的教学方法，如故事讲解、角色扮演等，提高他们的学习兴趣和参与度。

（六）分组实践

为提高教学效果，可以将老年人分组进行场景模拟。每个小组根据分配的任务，协同完成场景模拟。教育工作者要关注小组间的互动和协作，给予适时的指导和支持。例如，在模拟医疗咨询场景时，老年人可以分成挂号、问诊、取药等不同任务组，以便更好地理解和掌握各个环节的操作。

（七）反馈与讨论

在场景模拟结束后，组织老年人进行反馈和讨论。让他们分享模拟过程中的心得体会，提出遇到的问题和困惑。教育工作者要认真听取老年人的意见和建议，进行有针对性的解答和指导。此外，可以邀请其他学员对模拟过程进行点评，形成互助互评的氛围，提高学习效果。

（八）总结与改进

场景模拟的总结和改进是一个持续优化教学效果的重要步骤。通过反馈和讨论的结果，教育工作者可以清晰地了解老年人在智能技术应用教育中的优点和不足。例如，他们在哪些领域表现出色，哪些地方还需要进一步提升。对此，教育工作者可以有针对性地调整教学内容和方法，确保课程更贴合老年人的实际需求。例如，如果在场景模拟中发现老年人在使用移动支付或者在线医疗服务时遇到了困难，那么在下一步的教学中，可以增加这两个方面的内容，做出具体的教学计划，以便老年人能够更好地掌握这些技能。同时，教育工作者也可以根据每个人的学习进度和特点，制订个性化的学习计划，从而提高教学的效果。

四、案例教学

案例教学法是一种非常有效的教学方法，它可以将抽象的理论知识与实际应用相结合，使学习过程更加生动和有趣。在教授老年人智能技术应用的过程中，采用案例教学法可以帮助他们更好地理解和掌握相关技术。

（一）收集和筛选案例

这些案例可以从互联网、社区活动、老年人的实际生活经验等途径收集。在选择案例时，应注重其实用性和教学价值，同时应确保案例与老年人的生活密切相关，例如，如何使用智能手机进行网购、如何通过社交软件与亲朋好友保持联系等。这样，老年人在学习过程中能够更加清晰地认识到学习智能技术的实际意义和价值。

（二）分析案例背景

对每个案例提供详细的背景信息，这有助于老年人更好地理解案例的内容和意义。例如，在讲解如何使用智能家居设备的案例时，可以先介绍智能家居的发展历程、市场现状以及主流品牌等，这样不仅能够帮助老年人更好地理解案例，还能够让他们对智能技术有一个全面的了解。

（三）提炼案例问题

从每个案例中提炼出关键问题和挑战，引导老年人关注智能技术应用中出现概率较高的问题和挑战。这一步骤非常重要，因为它可以帮助老年人认识到学习智能技术不仅是为了掌握操作方法，更重要的是要学会如何解决实际问题。同时，根据老年人的特点和需求，教育工作者还需要设计出适合他们的问题解决策略和方法。

（四）设计案例讨论环节

教育工作者需要设计出富有针对性和实用性的案例讨论环节，以激发老年人的思考和学习兴趣。可以采用小组讨论或全体讨论的形式，让老年人分享自己的观点和想法。这不仅能够帮助他们更好地理解案例，还能够训练他们的思考和表达能力。

（五）引导实际操作

教育工作者要引导老年人结合案例内容进行实际操作。例如，教育工作者可以引导他们学习如何使用智能手环记录运动数据、监测心率等。这一步骤是案例教学法的重要环节，它将理论知识与实际操作相结合，让老年人在实际操作中巩固和应用所学知识。为了提高操作效果，可以采用分组合作、一对一辅导等多种方式进行。这样可以根据每个人的学习进度和理解程度，给予个性化的指导和帮助。

（六）分析案例教学效果

在案例教学结束后，收集老年人的反馈意见，了解老年群体在学习过程中的体会和收获。之后要分析潜在不足，并加以针对性地改进。例如，可以对教学方法、教学节奏、案例难易度等方面进行调整，以提高教学效果。同时，也可以根据老年人的实际反馈，对案例内容进行优化和补充，使其更符合他们的需求。

（七）建立案例库

将筛选出的优质案例整理归档，形成老年人社区智能技术应用教育案例库。案例库应涵盖各类智能技术应用场景，以便为后续教学提供丰富的教学资源。在建立案例库的过程中，要注重案例的更新和完善，确保案例内容紧跟时代发展和技术进步。

（八）注重案例的实际应用价值

在选取和设计案例时，要关注其实际应用价值，避免过于理论化和复杂化。让老年人在学习案例的过程中，能够真实感受到智能技术带来的便利和益处。还可以邀请具有丰富智能技术应用经验和教学经验的讲师进行案例教学。讲师可以根据自身经验，为老年人提供实际操作技巧和实用建议，帮助他们更好地理解和应用智能技术。

五、个性化辅导

为每位老年人提供个性化辅导，针对他们在高频事件和服务场景中遇到的具体问题，给予有针对性的指导和帮助。这需要教育工作者具备较高的专业素质和教育教学能力，以及足够的耐心和关爱。

（一）制定个人化学习地图

为了满足每位老年学员的个性化需求，教育工作者可以为他们制定专属的学习地图。学习地图应根据学员的实际需求、兴趣和基础水平来设计，包括课程、活动和辅导等方面的内容。这种个性化的学习策略有助于每位学员找到最适合自己的学习路径，提高学习效果和成就感。在制定个人化学习地图时，应首先要深入了解老年学员的需求和期望，包括他们希望学习的技能、感兴趣的主题以及他们在学习过程中遇到的困难。其次工作人员可以为学员提供定制化的课程计划，包括基础知识教学、实际操作演练以及兴趣拓展等内容。

这种课程设置既能满足学员的基本需求，又能激发他们的学习兴趣。与此同时，还可以为学员安排适当的实践活动和互动环节，让他们在轻松愉快的氛围中进行学习。这些活动可以包括线上线下相结合的实践练习、团队协作项目以及与其他学员的交流分享等。同时，工作人员还要为学员提供及时的辅导支持，确保他们在学习过程中得到有效的帮助和指导。通过这种个人化的学习地图，工作人员可以为老年学员创造更加贴合实际需求的学习体验，帮助他们更好地掌握智能技术应用。

（二）利用人工智能技术进行辅导

借助人工智能（AI）技术，教育工作者可以为老年学员提供更加精准、个性化的学习辅导。通过智能语音助手和聊天机器人等工具，工作人员能够实现与学员的实时互动，以满足他们在学习过程中的需求。

这些智能辅导工具能够根据每位老年学员的特点和学习进度，生成定制化的学习建议和教学计划。例如，AI辅导系统可以通过对老年学员完成的学习任务和测试进行数据分析，来了解学员在网络理论课程和数字技能实践活动中的优势和不足。针对学员的具体需求，系统会自动推送适合的学习资源和练习题，以弥补知识和技能的空缺。此外，智能语音助手可以在学员遇到困难时提供语音解答，帮助他们解决实际问题，提高学习效果。

（三）创设情境学习环境

为了让老年学员更好地掌握智能技术应用，教育工作者可以通过创设情境学习环境来提高他们的学习兴趣和实际操作能力。情境学习环境是指在学习过程中模拟真实生活场景，让学员在实际应用中探索、实践和解决问题。在创建情境学习环境时，教育工作者先要根据老年学员的需求和生活经验来设计各种实际场景，如线上购物、社交媒体互动、在线支付等。

这些场景应与学员的日常生活密切相关，以便他们能够轻松地将所学知识应用到实际生活中。随后教育工作者可以通过多种形式来实现情境学习，如角色扮演、模拟操作、案例分析等。在这些活动中，学员可以亲身体验智能技术在不同场景中的应用，从而提高他们的实际操作能力和问题解决能力。还需要注意在情境学习过程中，教育工作者要随时关注学员的表现和反馈，及时调整教学策略，确保每位学员都能在实际操作中不断进步。同时，鼓励学员在学习过程中积极分享心得和经验，与其他学员互相学习，共同提高。

（四）提供多样化的学习资源

在具体操作过程中，先要为学员提供各种形式的线上课程，如直播课程、录播课程和互动式课程等。这些课程可以涵盖各种领域的智能技术应用，如智能家居、健康管理、旅游出行等，以便学员能够找到适合自己的课程。之后为学员提供丰富的视频教程资源，包括操作演示、案例分析、技巧讲解等，让学员能够通过直观的视觉呈现更好地理解和掌握所学技能。

广大教育工作者还可以提供电子书籍、学习文档和教学软件等资源，帮助学员深入学习和巩固所学知识。最后鼓励学员参加线下的实践活动，如技能培训、体验活动等，以便他们在实际操作中运用所学技能，加深对智能技术应用的理解。同时，为学员提供一个良好的交流平台，让他们可以分享心得、讨论问题和互相学习，形成良好的学习氛围。

（五）鼓励跨代互动学习

由于年轻人通常对新兴技术和智能应用有较强的掌握能力，他们可以为老年人提供更易懂的解释和示范。在跨代互动中，年轻人可以分享自己在智能技术应用方面的经验，帮助老年人更快地理解和掌握相关技能。

在学习过程中，老年人和年轻人可以相互了解彼此的生活方式和思维方式，加深对彼此的理解和尊重。这样的互动有助于建立和谐的社会关系，营造良好的学习环境。并且在与年轻人的交流中，老年人可以了解到新鲜的观点和信息，拓宽自己的视野，提高应对社会变革的能力。

（六）老年人专属的学习社群

创建专门为老年人设计的学习社群，让他们在一个舒适的环境中互相学习、交流和分享。学习社群有助于提高学员的学习积极性和归属感。在这个老年人专属的学习社群中，成员们可以自由地分享自己的学习心得、疑问和经验，相互帮助和鼓励。这将有助于激发老年人的学习热情，使他们更愿意积极参与到学习活动中来。另外，这个学习社群还可以为老年人提供与年龄相仿、兴趣相投的朋友，让他们在学习过程中建立新的社交联系。这种社交互动不仅能够帮助老年人克服孤独感，还能为他们提供更多的动力和信心去学习新技能。

（七）制定个性化进度管理

由于个性化进度管理可以帮助老年学员在保持学习热情的同时，根据自己的实际情况调整学习节奏。这样可以让他们在不感到有压力或挫败感的情况下，逐步掌握所学内容和技能。所以在制定个性化进度管理方案时，教育工作者应与学员保持密切沟通，了解他们的需求、难点和困惑，从而有针对性地调整学习计划。同时，教育工作者还应定期跟踪和评估学员的学习进度，及时调整教学策略，确保学员能够在最短时间内达到预期的学习目标。还有一点需要提起高度重视，即教育工作者可以鼓励学员在学习过程中与其他学员分享自己的进度和心得，互相学习、激励和支持。这种相互关注和鼓励将有助于增强学员之间的凝聚力，提高他们完成学习任务的信心和动力。

（八）激励机制

在不断提高老年学员的学习积极性的过程中，激励机制必然会发挥至关重要的作用。其中，通过设置学习成果展示、优秀学员表彰等活动，可以让老年人在学习过程中感受到成就感和自豪感，从而激发他们更加投入地学习智能技术应用。学习成果展示活动可以让老年学员充分展示自己的所学，展现他们在学习过程中所取得的进步。通过这种形式，他们能够直观地了解到自己在学习智能技术应用方面的成长，从而增强自信心和学习动力。而优秀学员表彰活动可以让表现突出的学员得到应有的认可和鼓励。这样的表彰不仅能够激发他们继续努力学习的动力，还可以激励其他学员向优秀学员看齐，共同提高学习水平。

另外，教育工作者还可以设立一些小型比赛和挑战活动，让学员在轻松愉快的氛围中学习和竞争。通过这些活动，学员可以在实际操作中巩固和提高所学技能，同时还能在互相学习和竞争的过程中提高学习兴趣和动力。

第二节　智慧养老：开设网络理论课程和数字技能实践活动

在智慧养老的背景下，研究人员提出了"开设网络理论课程和数字技能实践活动"的计划，旨在帮助老年人更好地适应数字时代的挑战。为实现这一目标，将从确定网络理论课程和数字技能实践活动实施目标、多元化和多样化的内容设计、科学的实施方法选择以及"线上"与"线下"活动的相互结合四个方面着手。

一、确定网络理论课程和数字技能实践活动实施目标

在开设课程和活动之前，应明确教学目标，确保内容涵盖老年人在生活中常用的智能技术应用，如智能手机操作、社交软件使用、移动支付等。

（一）提升老年人数字素养水平

数字素养水平是老年人有效利用智能技术的基础。因此，在开设网络理论课程和数字技能实践活动时，首要目标应是提升老年人的数字素养水平。要达到这个目标，广大教育工作者需要做好四项工作：一是确保课程内容贴合老年人的实际需求，涵盖基础操作、网络安全、信息检索等关键技能；二是采用适合老年人的教学方法，如图文并茂的教材、生动的实例、简洁易懂的讲解；三是制定具体的学习阶段目标，以便对老年人的学习进度进行有效监控和指导；四是建立评估体系，定期检查老年人的数字素养水平，及时调整教学策略以保证学习效果。

（二）促进老年人社交互动与心理健康

开展网络理论课程和数字技能实践活动的另一个重要目标是促进老年人的社交互动与心理健康。该目标的实现需要从三方面入手：一是教授老年人如何利用社交媒体、即时通信工具等平台与家人、朋友保持联系，满足其社交需求；二是鼓励老年人分享学习心得、生活经验，以提高他们的自信心和成就感；三是提供心理健康相关的课程或讲座，如情绪管理、压力应对等，帮助老年人养成良好的心理素质。

（三）培养老年人自主学习与创新能力

老年人社区智能技术应用教育的实践路径还应关注培养老年人的自主学习与创新能力，而这无疑也是开设网络理论课程和数字技能实践活动的基本目标。具体而言，应着手于：为老年人提供各种形式的学习资源，如在线课程、教学视频、图书等，鼓励他们根据自己的兴趣和需求，自主选择学习内容；教授老年人有效的学习方法与技巧，如时间管理、目标设定、自我激励等。帮助他们养成良好的学习习惯，提高自主学习能力；搭建一个充满挑战与创新的学习环境，鼓励老年人自主探索新技能、新知识，可通过实际操作、项目实践等方式，让他们在实践中锻炼创新能力。

二、多元化和多样化的内容设计

为了让老年人更好地适应数字时代，提高生活质量，教育工作者需要根据教学目标设计合适的课程内容。这些课程内容应当结合老年人的认知能力和学习特点，避免使用过于复杂的技术术语，注重实用性和易理解性。课程可以按照不同难度层次划分为基础篇、进阶篇和专题篇，以满足不同水平老年人的学习需求。

（一）针对不同兴趣和需求提供丰富课程

在开设网络理论课程和数字技能实践活动中，提供丰富多样的内容设计是为了满足不同人群的兴趣和需求。其间，多元化的课程选择能够吸引更多参与者，增加学习的积极性和主动性。个性化需求能够让学习者根据自身兴趣选择适合的课程。丰富课程设计还促进全面发展，培养综合素养和创造力。通过多样的内容设计，可以满足不同人的需求，提升学习效果和参与度。

1. 健康管理与养生保健课程

健康是老年人最为关心的问题。因此，工作人员可以开设一系列健康管理与养生保健课程，如营养饮食、运动锻炼、慢性病防治等，帮助老年人了解身体健康知识，提高生活质量。这些课程应注重实践性，引导老年人养成良好的生活习惯。

2. 心理调适课程

随着年龄的增长，老年人也会遇到一些心理困扰，如孤独、焦虑等。因此，工作人员可以提供心理调适课程，教授老年人应对心理问题的方法，如正念冥想、情绪调节等。这些课程将有助于老年人维护良好的心理状态，享受美好的晚年生活。

3. 个性化兴趣课程

为了让老年人在学习过程中找到自己感兴趣的领域，更好地投入到学习中，工作人员还可以根据老年人的个人爱好，提供音乐、绘画、摄影、手工艺等方面的课程，如钢琴课、国画课、摄影技巧课等。这些课程可以让老年人在享受生活的同时，开发新的兴趣爱好，丰富精神生活。

4. 数字技能实践课程

数字技能在现代生活中变得越来越重要。为了帮助老年人更好地适应数字化生活，工作人员可以开设一系列数字技能实践课程，如智能手机使用、网络购物、在线支付等。这些课程将帮助老年人掌握现代科技，提高生活便利性。此外，工作人员还可以提供一些网络安全课程，让老年人了解如何保护自己的隐私和资料安全。

5. 生活实用技巧课程

为了提高老年人的生活质量，工作人员还可以开设一些生活实用技巧课程，如烹饪、家居装修、园艺等。这些课程可以帮助老年人掌握实用技能，提高生活品质，同时培养他们的动手能力。

（二）整合线上线下资源，丰富学习形式

为了提高老年人的学习效果，工作人员可以充分整合线上线下资源，为他们创造多样化的学习环境，以获得更好的学习体验。

1. 线上资源的利用

（1）教学视频。

通过网络教育平台，工作人员可以为老年人提供各种类型的教学视频，涵盖了前文提到的各类课程内容。这些视频可以采用动画、演示等形式，以直观的方式呈现知识点，方便老年人随时观看和回顾。老年人可以根据自己的学习进度和时间安排，自主选择适合自己的学习节奏。

（2）在线讲座。

邀请专家和学者与老年人分享他们的专业知识和实践经验。通过在线讲座，老年人可以与专家面对面交流，倾听他们的见解和观点。这样的交流能够帮助老年人拓宽视野，获取最新的信息，同时激发他们对学习的兴趣。

（3）专题研讨。

通过网络平台，工作人员还可以组织专题研讨活动，让老年人根据自己的兴趣参与相关话题的讨论。这种形式的学习可以让老年人结识志同道合的朋友，与他们一起探讨、分享经验和观点。参与讨论可以提高老年人的沟通表达能力，培养他们的批判性思维和问题解决能力。

2. 线下资源的整合

（1）培训课程。

除了线上学习资源，开设线下培训课程，专门针对特定领域进行深入教授。这些培训课程可以由专业教师或领域专家授课，通过面对面的教学方式，让老年人在亲身参与的过程中巩固所学知识，并提高他们的技能水平。例如，可以开设养生保健课程，并组织健康体验活动，让老年人亲自参与养生实践，加深对健康知识的理解和运用。

（2）实践活动。

根据不同课程内容，工作人员可以策划相关的实践活动，以帮助老年人将所学知识应用到实际操作中。例如，对于摄影课程，可以组织实地拍摄活动，让老年人亲自拍摄并运用摄影技巧。通过实践活动，老年人可以加深对所学知识的理解和记忆，并提高自己的实际操作能力。

（3）互动交流。

定期举办线下交流活动也是非常有益的。这些活动可以为老年人提供一个相互学习和分享经验的平台。通过邀请老年人分享自己的学习心得和经验，他们可以互相学习、相互鼓励，并且在交流中建立友谊。这样的互动交流有助于打破孤立感，增强老年人的归属感和社交网络，促进学习氛围的形成和发展。

3. 线上线下互动与衔接

（1）互补学习。

线上线下资源的整合应该实现互补学习。例如，在观看教学视频后，老年人可以参加线下培训课程进行实践操作，巩固所学知识。同时，老年人也可以在参加线下活动后，利用线上平台进行复习和补充学习。这样的互补学习将使他们在不同环境中获得更全面的知识和技能。

（2）双向互动。

为了让线上线下学习更加高效，工作人员需要鼓励双向互动。在线上学习过程中，老年人可以通过评论、提问等方式与教师和同学互动交流。在线下活动中，他们可以与教师面对面交流，亲身参与实践操作，使学习过程更加生动有趣。

（三）创新教学方式，提升学习体验

为了提升老年人的学习体验，工作人员需要不断创新教学方式，从多个方面为他们提供有趣、富有挑战性的学习环境。

1. 游戏化教学

通过引入游戏化教学，工作人员可以让老年人在轻松愉快的氛围中学习新知识。游戏化教学可以采用积分制、排行榜等，激发老年人的竞争意识，提高学习积极性。此外，还可以设计有趣的任务和挑战，让学习过程更具趣味性。

2. 情景模拟

情景模拟教学可以让老年人在模拟的现实环境中进行实践操作，加深对知识和技能的理解。例如，可以设计虚拟商店、银行等场景，让老年人模拟使用移动支付、网上银行等数字技能。这种方法将有助于他们在安全的环境中掌握实用技能，提高自信心。

3. 个性化学习路径

针对老年人的不同学习需求和兴趣，工作人员可以设计个性化的学习路径，引导他们自主选择合适的课程内容。这种灵活的学习方式将有助于他们在充分发挥自身优势的同时，逐步提升技能水平。

4. 互动式教学

互动式教学可以让老年人在学习过程中更加积极地参与，提高学习效果。例如，可以设置在线问答环节，让老年人向教师提问，获取及时的解答和反馈。此外，还可以鼓励他们与其他学员进行讨论和交流，共同解决问题，提升学习体验。

5. 虚拟现实（VR）和增强现实（AR）技术

利用虚拟现实（VR）和增强现实（AR）技术，工作人员可以为老年人提供沉浸式的学习体验。例如，可以利用 VR 设备创建三维虚拟环境，让老年人在仿真场景中进行实践操作。同时，可以使用 AR 技术将虚拟信息叠加到现实场景中，提供更直观的学习体验。

6. 微课程与碎片化学习

针对老年人的学习特点，工作人员可以设计微课程和碎片化学习内容，让他们能够在有限的时间内快速掌握关键知识。例如，可以制作短视频、音频、动画等多种形式的微课程，方便老年人随时随地进行学习。

三、科学的实施方法选择

采用适合老年人的教学方法，如讲解示范、分步骤教学、互动问答等。要注重启发式教学，鼓励老年人主动思考和实践。同时，可以利用多媒体教学资源，如图片、视频、动画等，增强课程的趣味性和吸引力。

（一）以实际需求为导向的教学设计

在开设网络理论课程和数字技能实践活动中，进行以实际需求为导向的教学设计是为了确保科学地选择实施方法。学情分析可以帮助了解学习者的背景、能力和学习需求，为教学提供针对性的指导。明确的教育目标有助于明确学习的重点和目标，使教学更加有针对性和有效性。而明确实施路径能够规划出系统化的教学步骤和方法，确保教学的有序进行。通过以实际需求为导向的教学设计，能够根据学情分析、明确教育目标和实施路径，选择最适合的教学方法，提高教学的效果和学习者的满意度。

1. 学情分析

在课程设计之前，教育工作者应充分了解老年人的学情，包括他们的基础知识、学习动机、学习习惯等。这有助于教育工作者了解老年人的实际需求，制订更贴近他们需求的教学计划。

2. 教育目标明确

教育目标是指导教学活动的方向和目的。在设计课程时，教育工作者应明确教育目标，确保课程内容符合老年人的实际需求。例如，可以从如何使用智能手机、上网搜索信息、在线购物、网络安全防护等方面入手，设计具有实际应用价值的课程内容。

3. 明确实施路径

在明确社区老年人智能技术学习情况以及具体教育活动目标的基础上，随即应将教育实施的具体路径进行系统化制定。其中，具体实施路径应包括分析课程需求、制订教学计划、选择教学方法、利用多媒体资源、关注学习过程、制定具体的实践活动安排六部分内容。

（二）采用生动有趣的教学方式

针对老年人的特点，教育工作者应以轻松、生动的方式进行教学，以便于他们理解和掌握知识。具体来说，可以运用生活案例、游戏互动、模拟实操等方式，让学习变得更加有趣。例如，在教授如何使用智能手机时，可以让学员通过游戏或互动环节，亲自体验各种功能的操作，从而更好地理解和掌握所学内容。

1. 讲解示范

教育工作者可以通过清晰的讲解和示范，向老年人展示操作步骤和技巧。这样的方式能够帮助他们更直观地理解所学内容，减轻认知负担，并提高学习效果。教育工作者可以使用生动的语言和形象的比喻来解释抽象概念，使老年人更容易理解和记忆。

2. 分步骤教学

将复杂的操作分解成简单的步骤，并逐一进行讲解，有助于老年人逐步掌握技能，提高学习效果。教育工作者可以使用图示、示范操作或小组活动等方法，让老年人亲自参与，加深他们对学习内容的理解和记忆。

3. 互动问答

教育工作者鼓励老年人在学习过程中提出问题，并针对性地解答。这种互动的方式能够激发老年人的思考，帮助他们更好地理解知识，并在实际操作中培养解决问题的能力。同时，教育工作者还可以组织小组讨论、角色扮演或问题解决活动，促进老年人之间的交流和互动。

4. 案例分析

教育工作者可通过分析具体案例，让老年人了解知识点在实际生活中的应用，增加他们对学习内容的兴趣和动力。教育工作者可以选择与老年人生活息息相关的案例，引发他们的共鸣，并引导他们分析和解决问题，培养他们的实际应用能力。

5. 同伴互助学习

教育工作者可以组织老年人结成学习小组，相互讨论和帮助。这种合作学习的方式有助于老年人之间的交流和互助，增进彼此之间的友谊，同时提高他们的学习积极性和参与度。教育工作者可以设立小组活动，让小组成员共同解决问题、完成任务或展示学习成果。通过合作学习，老年人可以相互借鉴和学习，分享经验和知识，共同提高技能水平。

（三）强调实践运用与互动反馈

在进行网络理论课程和数字技能实践活动的过程中，教育工作者应关注学员的实际操作，鼓励他们将所学知识应用于实际情境。为了确保学员能够熟练掌握所学技能，教育工作者需要密切关注学员的操作过程，提供实时的指导与建议。

1. 设计实际操作任务

在课程设计上，教育工作者可以设置富有挑战性的实际操作任务。例如，教育工作者可指导学员如何在社交媒体上发布信息、分享照片、参与话题讨论等；教授如何使用数字支付工具进行账单支付、充值和转账等。这些任务能够让学员在实际操作中巩固所学知识，培养他们的数字技能。

2. 实时观察与指导

在学员完成任务的过程中，教育工作者应适时进行观察与指导。通过实时关注学员的操作细节，教育工作者可以发现学员在应用过程中的困惑和问题，及时提供解决方案。这样，学员在解决问题的过程中，可以更好地掌握所学知识，并在实际操作中得到锻炼。

3. 经验分享与总结

在活动结束后，教育工作者可组织学员进行经验分享，以便了解学员在学习过程中遇到的困难和问题。通过收集学员的反馈，教育工作者可以对教学方法和策略进行优化调整，更好地满足学员的需求。同时，学员之间的经验分享也有助于他们找到自己的不足之处，从而提高学习效果。

四、"线上"与"线下"活动的相互结合

结合线上网络课程和线下实践活动，为老年人提供多元化的学习途径。线上课程可以通过录播视频、直播讲座等形式展示；线下实践活动可以在社区活动中心或养老机构组织，让老年人在亲身操作中巩固所学知识。

（一）为老年人提供多样化的学习资源和渠道

线上教学资源能够充分利用互联网的优势，提供丰富、多样的学习材料，

帮助老年人自主学习。例如，可以为学员创建一个线上学习社群，分享相关课程资料、教学视频等，并邀请教师参与讨论，解答学员疑问。与此同时，在线下环境中，可以设置定期的实体课程和研讨活动，让学员亲身参与、实践操作，帮助他们更好地理解和掌握智能技术应用，具体操作如下：

1. 建立线上学习平台

可以创建一个专门针对老年人的在线学习平台，提供丰富的教学资源，包括教学视频、课件、学习指南等。此外，平台上还可以设置互动环节，让学员与教师进行实时交流。通过这样的平台，学员可以随时随地学习，打破时间和空间的限制。

2. 线下实体课程和研讨活动

除了线上资源，还应定期组织线下的实体课程和研讨活动。这样，学员可以在面对面的交流中，更好地理解和掌握智能技术应用。同时，线下活动还能增进学员之间的感情，提高他们的学习积极性。

3. 配套教材和辅助工具

为了让老年人更好地学习，可以为他们提供一系列配套的教材和辅助工具。这些教材和工具应针对老年人的特点和需求进行设计，如使用大字体、图文并茂的教材，提供操作简便的学习软件等。通过这些辅助资源，老年人可以更轻松地掌握所学内容。

4. 定制个性化学习方案

针对不同学员的学习需求和基础，教师可以制定个性化的学习方案。例如，为初学者设计基础课程，让他们从零开始学习；为有一定基础的学员提供进阶课程，让他们不断提高技能水平。通过这样的个性化方案，可以确保每个学员都能在适合自己的节奏和水平下学习。

（二）注重线上线下活动的协同和衔接

在开展网络理论课程和数字技能实践活动时，应确保线上和线下教学内容互为补充，达到相辅相成的效果。例如，线上教学可以着重于理论知识的传授，让老年人自主学习基本概念、原理等；而线下活动则重点关注实践操作，引导学员将所学知识运用到实际生活中。为了更好地将线上线下教育活动结合起来，具体操作应包括以下四个方面，从而形成一个有机的学习生态。

1. 制订协同教学方案

教师在制订一个详细的协同教学方案过程中，明确线上教学和线下实践活动的目标、内容和时间安排。这一方案应确保线上和线下教学相互关联，有机地结合起来，避免内容重复或矛盾。

2. 线上理论教学

线上教学可以着重于理论知识的传授，让老年人自主学习基本概念、原理等。例如，通过在线课程、讲座等形式，教授网络基础知识、智能设备操作原理等内容。这样，学员可以在自己的时间安排下学习理论知识，为后续实践活动打下基础。

3. 线下实践操作

线下活动则重点关注实践操作，引导学员将所学知识运用到实际生活中。可以组织实验课、操作演示等形式，让学员亲自动手操作智能设备、使用网络应用等。此外，还可以邀请专业人士进行现场指导，帮助学员解决实际操作中遇到的问题。

4. 教学内容的连贯性

教师应密切关注学员的线上学习进度和线下实践反馈，确保教学内容的连贯性。这意味着，在线下实践活动中，教师需要根据学员的线上学习情况，有针对性地进行辅导和指导。同时，在线上教学过程中，也要及时收集学员的反馈，了解他们在实践中遇到的问题，以便在接下来的课程中进行解答和强化。

第三节　数字助老：结合老年人需求提供个性化指导与服务

随着数字化时代的到来，老年人面临着更多的挑战，为了帮助他们更好地适应这个时代，本书构建了"数字助老：结合老年人需求提供个性化指导与服务"的路径。本节将通过深入分析和评估老年人的需求，以确定他们在数字技术方面的关注点和痛点。结合大数据分析，工作人员将为老年人提供个性化的推荐，以满足他们不同的需求和兴趣。在此基础上，工作人员将设计定制化的课程，以有针对性地解决老年人在数字技术方面的学习难题。同时，工作人员将提供"一对一"的指导与支持，确保每位老年人都能够得到充分的关注和帮助。最后，将努力创设一个友好的学习环境，让老年人能够在愉快的氛围中学习，从而更好地融入数字时代。

一、需求分析与评估

需要对老年人的需求进行全面分析与评估，包括他们对智能技术应用的兴趣、学习需求、实际操作能力等。通过问卷调查、面谈访谈等手段收集信息，以便更准确地了解老年人的需求。

（一）制订评估方案

在需求分析与评估阶段，工作人员需要先制订一个详细的评估方案，明确评估的目的、方法、时间安排、人员分工等。评估方案应该包括数据收集方法、评估工具和技术、评估样本和评估指标等内容。

（二）数据收集

评估方案制定完毕后，要进行数据收集。可以采用问卷调查、面谈访谈、实地观察等多种方式，以确保收集到的信息全面且准确。问卷调查可以作为初步了解老年人需求的方法，可以设计一份包含老年人对智能技术应用兴趣、学习需求、实际操作能力等方面问题的问卷。面谈访谈则可深入了解老年人的实际需求，通过与老年人的交流，发现他们在使用智能技术过程中遇到的困难和问题。实地观察可以让工作人员更直观地了解老年人在数字生活中的实际情况，如观察他们使用智能手机、电脑等设备的频率、熟练程度等。

（三）数据整理与分析

收集到数据后，要进行数据整理与分析。首先，整理问卷调查、面谈访谈和实地观察的数据，将其归纳整理，使数据易于分析。其次，对数据进行分析，找出老年人在智能技术应用方面的兴趣、学习需求、实际操作能力等方面的特点和规律。这一阶段可以运用定性和定量分析方法，如描述性统计分析、主题分析、聚类分析等。

（四）需求评估报告

数据分析完成后，要撰写一份需求评估报告。需求评估报告应该包括以下内容：评估目的、评估方法、数据收集和分析过程、评估结果、存在问题及建议。报告中的评估结果应该详细描述老年人在智能技术应用方面的兴趣、学习需求、实际操作能力等，同时指出潜在的问题和需要改进的地方。

（五）制订个性化指导与服务计划

根据需求评估报告的结果，制订针对不同老年人的个性化指导与服务计划。计划应包括以下内容：服务对象、服务内容、服务方式、服务时间、服务人员等。服务内容可以根据老年人的兴趣、学习需求、实际操作能力等因素进行调整和优化，以满足他们的个性化需求。

二、大数据分析与个性化推荐

通过大数据技术，对老年人的使用行为进行深度挖掘和分析，从而为他们提供个性化的指导与服务。例如，根据老年人在数字设备上的操作习惯、应用偏好等信息，推荐相应的智能技术教育课程或资源。

（一）数据采集

首先，设计一份涵盖老年人基本信息、兴趣爱好、技能水平以及在数字平台上的行为习惯等方面的问卷。问卷应简洁明了，避免复杂和冗长的问题。可以通过线上或线下的方式进行调查，如发放纸质问卷、使用社交媒体等平台发布电子问卷。

其次，当老年人注册使用某个应用或服务时，他们需要填写一定的个人信息。这些信息可以包括年龄、性别、兴趣爱好等。通过获取这些注册信息，可以了解老年人的基本情况。

再次，可以寻求与第三方数据提供商合作，获取他们已经收集到的老年人相关数据。这些数据往往会涵盖老年人在其他平台上的行为数据，如浏览记录、点击记录等。当然，在此过程中，需确保数据的安全性和合规性。

最后，通过收集老年人参与社区活动的记录，了解他们在数字生活中的兴趣和需求。例如，参加智能手机培训班的老年人在不同程度会对智能手机的使用较为感兴趣。

还有一点需要提起高度注意，即可以通过老年人在数字平台上的行为轨迹来收集数据，包括浏览记录、点击记录、搜索记录、消费记录等。这些数据可以帮助了解老年人在数字生活中的行为习惯和需求。

（二）数据预处理

一是数据清洗。数据清洗主要包括去除数据中的噪声、异常值和重复值。噪声是指数据中的错误或无关信息；异常值是指数据中的极端或不合理的数值；重复值是指数据中重复出现的记录。可以使用统计方法、数据挖掘技术等手段进行清洗。

二是数据转换。数据转换是将不同格式的数据统一为相同的数据结构。例如，年龄数据可能有的是用整数表示，有的是用字符串表示。数据转换的过程包括数据类型转换、数据编码转换等。可以使用编程语言或数据处理工具进行数据转换，以确保数据具有一致性和可比性。

三是数据归一化。数据归一化是将数据转换为统一的度量单位，以便于后续的分析。例如，收入数据有的会以元为单位，有的是以千元为单位。归一化的方法有很多，如最大最小值归一化、Z-score 归一化等。选择合适的归一化方法，可以提高数据分析的准确性和稳定性。

四是缺失值处理。因为数据也会存在缺失值，如不将其进行处理就会导致数据处理结果的准确性大幅降低。缺失值的处理方法包括删除含有缺失值的记录、使用统计方法（如均值、中位数）填充缺失值、利用机器学习算法预测缺失值等，而在实际操作过程中，具体选择哪种方法取决于数据的特点和后续分析的需求。另外，还需要注意在进行数据预处理时，需要关注数据的质量和完整性，确保预处理后的数据能够为后续的分析和建模提供有效的支持。同时，在整个过程中要遵循相关的法律法规和伦理原则，确保数据处理的合规性和安全性。

（三）特征提取

根据收集到的数据，提取有助于分析和推荐的特征，如老年人对某类应用的喜好程度、学习能力、操作习惯等。特征提取可以使用统计分析、机器学习等方法进行。其中，统计分析法是通过对数据进行统计分析，可以发现老年人在数字生态系统中的行为规律和特点。例如，可以计算老年人对不同类型应用的使用频率、停留时长等，以此作为他们的喜好程度特征；或者分析他们在学习过程中的完成进度、反馈评分等，以此作为学习能力特征。

相关性分析是通过计算不同特征之间的相关性，找出对推荐有用的特征组合。例如，可以计算老年人的年龄、性别、教育背景等基本信息与他们对某类应用的喜好程度之间的相关性，从而选取与喜好程度相关性较高的特征作为推荐依据。

机器学习法是利用机器学习算法，如主成分分析法（PCA）、线性判别分析法（LDA）等，对原始特征进行降维处理，提取出对分析和推荐更有意义的特征。这些方法可以有效地去除冗余信息，同时保留原始数据中的关键信息。

特征选择是在提取到的特征中，找出仍存在冗余或不相关的特征。通过特征选择方法，如递归特征消除（RFE）、最小二乘法等，可以进一步筛选出对推荐更有贡献的特征。特征选择可以提高推荐模型的精度和效率。

由于特征提取的目的是将原始数据转换为对分析和推荐有用的信息，从而提高推荐系统的准确性和可靠性。所以在进行特征提取时，需要综合考虑各种方法的优缺点，以及数据的特点和后续分析的需求，选择合适的特征提取方法。同时，要确保数据处理的合规性和安全性，遵循相关法律法规和伦理原则。

（四）构建推荐模型

构建推荐模型的关键在于选择合适的推荐算法，以下几种推荐算法的具体应用应视为理想之选。

1. 基于内容的推荐

基于内容的推荐方法根据老年人的特征和已有的行为数据来推荐相似内容。例如，可以计算老年人喜欢的数字服务与其他数字服务之间的相似度，然后选择相似度较高的服务进行推荐。在实际应用中，可以使用诸如余弦相似度、皮尔逊相关系数等相似度计算方法。

2. 协同过滤推荐

协同过滤分为基于用户的协同过滤和基于物品的协同过滤。基于用户的协同过滤关注相似用户的行为，如K近邻算法可以找到与目标老年人相似的其他老年人，然后推荐他们喜欢的数字服务。基于物品的协同过滤关注用户对物品的行为，如矩阵分解算法可以预测老年人对未接触过的数字服务的喜好程度。

3. 混合推荐

混合推荐结合了基于内容的推荐和协同过滤推荐的优点，可以通过权重分配、特征融合等方法实现。例如，可以将基于内容的推荐结果和协同过滤推荐

结果按一定比例融合，以得到更加准确的推荐结果。

4. 使用机器学习和深度学习算法

对于复杂的推荐场景，可以使用诸如支持向量机、决策树、随机森林等传统机器学习算法，或者卷积神经网络、循环神经网络等深度学习算法进行建模。这些算法可以自动学习场景之间的复杂关系，从而实现更高精度的推荐。

（五）模型训练与优化

在构建好推荐模型后，需要使用已有的数据对模型进行训练和优化。训练过程中，可以使用交叉验证等来调整模型参数，以提高模型的准确性和泛化能力。同时，要关注模型的过拟合和欠拟合问题，确保模型能够适应不同的数据场景。

1. 交叉验证

交叉验证是一种评估模型性能的方法，通过将数据集分成多个子集，每次使用一个子集作为测试集，其余子集作为训练集。这样可以在有限的数据中最大限度获取训练和测试的组合，从而更准确地评估模型的性能。常见的交叉验证方法有 K 折交叉验证和留一法。

2. 网格搜索

网格搜索是一种调整模型参数的方法，通过遍历给定参数的所有可能组合来寻找最优参数。在实际应用中，可以根据需要设置参数的取值范围和步长，然后使用网格搜索方法在训练集上训练模型，选取性能最好的参数组合。

3. 正则化

正则化是一种防止过拟合的技术，通过在损失函数中加入正则项来约束模型参数。常见的正则化方法有 L1 正则化、L2 正则化等。根据实际情况选择合适的正则化方法，可以在一定程度上降低模型复杂度，提高泛化能力。

4. 学习率调整

学习率是模型训练中的关键参数，影响模型收敛速度和最终性能。可以使用固定学习率、指数衰减学习率、自适应学习率等策略进行调整。合适的学习率设置可以提高模型训练效果和收敛速度。

5. 早停法

早停法是一种防止过拟合的策略，当模型在验证集上的性能不再提高时，提前终止训练。这样可以在一定程度上减少模型对训练数据的过拟合，提高泛化能力。

（六）生成个性化推荐

训练好模型后，将老年人的数据输入模型，得到针对他们的个性化指导与服务推荐。这些推荐包括适合他们学习的智能技术应用、针对他们需求的教学内容、与他们兴趣相符的活动等。通过这些推荐，老年人可以更容易地找到适合自己的数字服务和学习资源。

1. 输入数据

将老年人的数据输入训练好的推荐模型，这些数据包括老年人的基本信息、兴趣爱好、技能水平、浏览记录、搜索记录等。确保数据格式与模型要求一致，以便模型可以正确处理这些输入。

2. 推荐计算

模型会根据输入的数据计算推荐得分，得分越高的项目越符合老年人的需求和兴趣。推荐算法应考虑多种因素，如老年人与项目之间的相似度、项目的热度、项目的新颖度等，以确保推荐结果既具有针对性，又具有一定的多样性。

3. 结果排序

根据推荐得分，对推荐结果进行排序。通常情况下，推荐系统会为每位老年人提供一个按照得分从高到低排列的推荐列表。老年人根据自己的需求和兴趣从列表中选择合适的项目。

4. 结果展示

将生成的个性化推荐结果以易于理解的方式展示给老年人。可以通过图文、音视频等多种形式来呈现推荐内容，以便老年人可以快速了解每个项目的主要特点。此外，可以设计简洁明了的界面，帮助老年人轻松找到感兴趣的项目。

5. 反馈收集

为了不断优化推荐效果，需要收集老年人对推荐结果的反馈。可以通过设置评价按钮、收藏按钮等方式，让老年人方便地表达对推荐项目的喜好。收集到的反馈数据可以用于更新模型参数，进一步提高推荐准确性。

三、定制化课程设计

针对不同老年人的需求和能力，设计适合他们的定制化课程。这些课程包括基础操作教程、进阶技能培训、特定应用场景教学等。通过模块化和灵活的课程设置，让老年人能够根据自己的进度和兴趣进行学习。

（一）明确社区老年人的学习需求与兴趣

在为社区老年人设计定制化课程时，广大教育工作者要先全面了解老年人的学习需求与兴趣。除了问卷调查、面谈访谈等传统方式，还可以利用社交媒体、社区活动、亲友推荐等途径，收集老年人在数字生活中的需求与兴趣。随后组织专题座谈会，邀请社区老年人参与，让他们畅谈自己在数字生活中遇到的问题和需求。通过座谈会，可以直接了解老年人的想法，获取他们在数字生活中的需求和兴趣点。座谈会还可以帮助发现老年人在数字生活中的共性问题和痛点，为定制化课程提供重要参考。并针对社区老年人的行为数据进行分析，如浏览记录、搜索记录、下载记录等。通过数据分析，可以发现他们在数字生活中关注的焦点和喜好，从而为定制化课程提供更为精准的依据。与此同时，还要分析老年人在数字平台上的活跃度和使用习惯，以更好地满足他们的需求。最后与社区老年人的家属沟通，了解他们对老年人数字化学习需求的看法。由于家属作为老年人的亲人，对他们的生活状况和需求有更深入的了解，所以他们的意见对于定制化课程的设计具有很高的参考价值。

另外，还需要注意，在实际开展定制化课程后，应定期对课程进行评估，了解老年人的学习效果和满意度。可以通过课程反馈、学习测试、教学互动等方式收集信息，根据评估结果对课程内容和教学方式进行调整，确保课程能够更好地满足社区老年人的学习需求与兴趣。

（二）设计符合认知特点的教学方法

广大教育工作者在明确社区老年人的认知特点和学习能力的基础上，要将探索与之相适合的教学方法作为一项重要任务。

1. 循序渐进的教学方式

针对老年人的学习能力和认知特点，教育工作者可以采用循序渐进的教学方式。从基础知识开始，逐步深入到进阶内容。例如，首先讲解智能设备的基本操作，其次介绍常用应用的功能，最后教授一些实用技巧。这种方式能够让老年人在掌握基础知识的同时，逐步提高自己的技能水平。

2. 丰富的教学手段

运用多种教学手段，如图文、音视频、实践操作等，增强老年人的学习兴趣。例如，在教授智能设备操作时，可以配合图片和视频演示，让老年人更直观地理解操作步骤；在教学过程中，鼓励老年人动手操作，让他们在实践中巩固所学知识。

3. 合适的学习进度

设置合适的学习进度，确保老年人能够在轻松愉快的氛围中学习。根据老年人的学习能力和反馈，调整课程难度和教学进度。例如，对于操作能力较弱的老年人，可以减缓教学进度，增加课程的讲解和练习时间；对于学习能力较强的老年人，可以适当提高教学难度，引导他们探索更多高级功能。

4. 及时调整教学方法

根据老年人的反馈和学习效果，适时调整教学方法，使其更符合他们的实际需求。例如，针对老年人在课程中提出的问题和建议，及时调整教学内容和方式，增加他们感兴趣的话题；观察老年人的学习表现，根据他们的掌握程度调整教学重点和难度。

（三）提供实践场景与案例

进行定制化课程设计的最终目的就是要让社区老年人更好地理解、接受、应用智能设备，因此定制化课程应向他们提供与生活息息相关的实践场景与案例。

首先，深入了解老年人在日常生活中经常会遇到的问题和需求，以此为基础设计实践场景。例如，关注他们在健康管理、家庭安全、社交沟通等方面的需求，为他们提供相应的数字技能培训。

其次，根据老年人的生活需求，设计一些实际操作任务，让他们在课程中应用所学技能。例如，在智能手机操作课程中，设置一些与生活息息相关的任务，如在线购物、视频通话、健康监测等，让老年人在完成任务的过程中巩固所学知识。

再次，在教学过程中，结合生活场景案例进行讲解，让老年人更容易理解和掌握所学技能。例如，在健康管理课程中，引入一些关于如何使用智能设备监测血压、心率等健康指标的实际案例，让他们了解这些技能在实际生活中的应用价值。

最后，课程进行过程中要鼓励老年人分享自己的经验和故事，以增强学习的趣味性和实用性。例如，组织一些讨论环节，让老年人分享他们在使用智能设备过程中的心得体会，或者谈论他们在数字生活中遇到的困难和解决方法。这样的交流可以帮助他们互相学习，提高学习效果。

四、"一对一"指导与支持

"一对一"指导与支持作为社区老年人充分掌握并应用智能技术的理想途径之一，因此在老年人社区智能技术应用教育的实践路径构建过程中，应将其视为一项必不可少的选择。在具体实践过程中，应强调先为其配备专业的教育辅导员，再为其制订个性化学习计划，最后为其提供实时在线支持。

在社区教育活动中，为每位参与的老年人分配一名专业的教育辅导员。辅导员需具备良好的沟通能力和教育经验，以便能够针对老年人的个性化需求提供指导。辅导员可以在课程学习过程中与老年人保持密切联系，了解他们的学习进度和困惑，为他们提供针对性的解答和建议。

在此基础上，根据每位老年人的需求、兴趣和能力，制订个性化的学习计划。在制订计划时，要充分考虑他们的学习速度、时间安排以及具体需求，确保计划既具有挑战性，又不至于让老年人感到压力过大。辅导员可以定期与老年人沟通，根据他们的学习情况和反馈适时调整学习计划。

为了方便老年人在学习过程中随时获得帮助，可以建立一个实时在线支持平台，让他们能够通过智能设备与辅导员进行即时沟通。当老年人遇到问题或困难时，可以通过平台直接向辅导员提问，辅导员可以根据问题的具体情况提供相应的解答和指导。此外，辅导员还可以利用平台定期跟进老年人的学习进度，鼓励他们积极参与课程学习。可以通过线上视频通话、电话咨询等形式，让专业导师及时解答老年人在学习过程中遇到的问题，为他们提供个性化的帮助。

五、创设友好的学习环境

要让老年人更愿意学习和尝试智能技术，需要为他们创设一个友好的学习环境。这包括设立专门的学习空间、使用通俗易懂的教学语言等。

（一）提供舒适的学习空间和设施

针对老年人的生理特点，提供舒适的学习空间和设施。例如，确保教室内的采光、通风和温度适中；为他们提供符合人体工程学的座椅和桌子，减轻长时间学习带来的身体疲劳；在学习场所设立休息区域，方便他们在学习间隙休息和放松。通过优化学习环境，帮助老年人更愿意投入到学习中。

（二）建立良好的学习氛围和文化

为了让老年人更好地投入学习，需要建立良好的学习氛围和文化。例如，组织定期的座谈会和分享会，让他们彼此了解、互相尊重和支持；鼓励他们在学习过程中互相帮助、交流心得，形成良好的学习氛围；设立激励机制，如表彰优秀学员、设立进步奖等，以提高他们的学习积极性。通过这些措施，营造一个让老年人感到鼓舞和尊重的学习环境。

（三）注重家庭与社区的参与

在创设友好的学习环境时，需要注意家庭和社区的参与。例如，邀请家庭成员参与到老年人的学习活动中，让他们共同学习和交流，增进亲情；与社区组织合作，开展丰富多样的学习活动，如讲座、展览、实地考察等，让老年人更广泛地接触和了解数字技术；通过与志愿者、专家等合作，为他们提供更多的学习支持和指导。通过家庭与社区的共同参与，为老年人打造一个更加丰富、多元的学习环境。

（四）使用通俗易懂的教学语言

在这里，应该避免使用过于复杂的术语和概念，在解释技术知识时，尽量用日常生活中的类比和比喻，帮助老年人更好地理解抽象的概念。例如，在讲解智能手机的操作时，可以将手机界面比作一本书，而各个应用程序则是书中的不同章节，这样可以让老年人更容易地将新知识与他们熟悉的事物联系起来。

另外，在教育活动中，需要关注老年人的理解程度，适时对复杂的内容进行拆解和解释。如果发现他们在某个环节出现困惑，可以将这个环节分成更小

的部分，然后逐一进行讲解，直至他们完全理解。

第四节　数字反哺：家庭环境中的逆向教育

随着科技的发展和信息时代的到来，数字技能已成为现代生活的必备能力。然而，对于老年人而言，学习和掌握这些技能却并非易事。因此，"数字反哺：家庭环境中的逆向教育"应运而生，旨在帮助老年人更好地融入数字化的生活。在这一过程中，广大家庭成员需要关注六个方面：建立亲情陪伴式教育模式，让家庭成员积极参与老年人的数字技能学习；设计适老化数字产品，降低老年人学习难度；创新引导方法，确保教育活动的针对性和有效性；构建良好学习氛围，激发老年人的学习热情；定期评估与调整，及时优化教学方案；拓展数字教育资源，提供多元化的学习途径。通过这些措施，为广大老年人创造一个有益、愉悦的学习环境，助力他们顺利融入数字时代。

一、建立亲情陪伴式教育模式

建立亲情陪伴式教育模式对于激发老年人学习数字技能的积极性至关重要。在这一模式中，家庭成员的互动、案例引导以及定期陪伴学习等方面都起到了关键作用。亲情陪伴式教育模式不仅提高了老年人的学习效果，还有助于增进家庭成员间的感情。通过这种教育方式，可以帮助老年人更好地适应数字化生活，增强他们在家庭和社会中的归属感。同时，这也是一种跨代沟通的方式，有助于传承家庭价值观和文化，强化家庭凝聚力。

（一）家庭成员互动

家庭成员应主动与老年人进行互动，以引导和鼓励的方式教授老年人使用数字产品的技巧。在此期间，实践操作是一个系统的过程，具体如下：一是家庭成员先共同制订一个亲子学习计划，包括每周或每月的学习目标、时间安排和学习内容，这样可以为老年人提供一个明确的学习方向。二是家庭成员向老年人介绍一些适合他们的学习资源，如网络教程、学习软件等，并鼓励他们尝试使用这些资源进行自主学习。在此基础上所有家庭成员可以与老年人共同完成一些数字技能相关的任务，如一起完成在线购物、查询信息等，以提高他们的学习积极性。在这里，还需要注意在教授老年人使用数字产品时，家庭成员应保持耐心，根据老年人的学习进度和能力调整教学方式，确保他们能够逐步掌握所学内容。

（二）以案例引导

家庭成员可通过现实生活中的案例，向老年人展示数字产品在日常生活中的便利性，激发他们的学习兴趣。所有家庭成员需要注意选择一些与老年人生活息息相关的案例，如使用手机支付购买生活用品、通过健康管理软件记录身体状况等。家庭成员在介绍案例时，可以简要解释数字产品背后的技术原理，帮助老年人理解产品的工作原理和使用方法。此后则要鼓励老年人亲自尝试操作，以实践中学习和掌握新技能，并向老年人分享自己在使用数字产品过程中的成功经验，以增强他们的信心和动力。

（三）定期陪伴学习

家庭成员应定期陪伴老年人进行数字产品的学习，确保他们在学习过程中获得足够的支持和关爱。

首先，要为老年人设定固定的学习时间。家庭成员可以与老年人约定每周或每月的固定学习时间，共同进行学习和实践。这样可以让老年人感受到家庭成员的关心和支持，同时也能保证学习的持续性。

其次，要进行定期评估。家庭成员应定期评估老年人的学习进度和掌握程度，以便有针对性地调整学习计划和方法。评估过程可以包括问答、实际操作演示等，以全面了解老年人在数字技能方面的掌握情况。

再次，要鼓励老年人进行交流与反馈。家庭成员应鼓励老年人在学习过程中提出疑问、分享心得，以便及时了解他们的需求和困惑。通过有效的沟通，可以帮助老年人克服学习障碍，提高学习效果。

最后，要耐心倾听和支持老年人所提出的意见。在陪伴学习的过程中，家庭成员要耐心倾听老年人的心声，关注他们的情绪变化。遇到困难时，家庭成员应给予鼓励和支持，帮助老年人建立自信，坚持学习。

二、设计适老化数字产品

设计适老化数字产品是推动老年人更好地融入数字化生活的关键环节。在数字产品设计中，工作人员需要关注简化操作界面、增加语音识别功能以及提供个性化设置等方面，以满足老年人的特殊需求。这些细节体现了对老年人使用体验的关心和尊重，使他们在面对日新月异的数字技术时能够更轻松地适应和学习。通过设计适老化的数字产品，将助力老年人更好地享受数字时代的便利。

（一）简化操作界面

在设计数字产品时，应尽量简化操作界面，减少对老年人的认知负担。简化操作界面时既要将非核心功能隐藏或进行整合，避免让老年人在众多功能中迷失，只保留最常用的功能，有助于提高操作的直观性；还要在布局设计上，使用大图标和简洁的文字说明，以便老年人快速识别和理解功能。同时，保持足够的间距，避免误操作；更要尽量采用老年人熟悉的操作逻辑，让他们能够自然地理解和使用。例如，遵循传统的菜单和按钮操作方式，降低学习曲线。

（二）增加语音识别功能

考虑到老年人普遍存在不同程度的视力问题，可为数字产品增加语音识别功能，方便他们进行操作。为达到解决老年人视力问题的目的，数字产品可提供语音输入功能，让老年人通过语音指令进行搜索、发送消息等操作，从而降低对视力的依赖。

另外，数字产品还要具备通过语音反馈，将文本信息转换为语音的功能，为老年人提供更直观的信息获取方式，如阅读新闻、播放音频教程等。更重要的是，还要开发出智能语音助手，帮助老年人完成一些日常任务，如设定提醒、查找信息等，以此来实现通过智能语音助手为老年人提供个性化服务。

（三）提供个性化设置

针对老年人的特殊需求，可为数字产品提供个性化设置，如字体大小调整、屏幕亮度调节等。具体而言，考虑到老年人视力问题，应提供字体大小调整功能，让他们能够根据需求调整字体大小，提高阅读舒适度。另外，为了保护老年人的视力，可以让老年人根据环境光线和个人需求，自主调节屏幕亮度。同时，开发自动调节功能，让屏幕亮度随环境变化自动调整。最后，还要在数字产品中安插个性化推荐内容这一重要功能，让健康资讯、养生知识等信息能够及时推送至数字终端设备。

三、创新引导方法

创新引导方法在老年人数字技能学习过程中发挥着举足轻重的作用。适当的教学方法能够更好地激发老年人的学习积极性，帮助他们更快地掌握新技能。为此，工作人员应关注分阶段教学、实践导向以及制订学习计划等方面的创新引导方法，确保教育活动能够满足老年人的个性化需求。通过这些方法，可以帮助老年人在轻松愉快的氛围中学习数字技能，提高他们在现代社会中的适应能力。

（一）分阶段引导

根据老年人的学习进度，分阶段进行教学，确保他们在每个阶段都能掌握相应的知识和技能。针对处于基础阶段的老年人则要将重点放在让其熟悉数字产品的基本操作，如开关机、调节音量、触摸屏操作等。采用的方法则是演示、讲解、实践等，帮助其掌握基本概念和操作方法。针对处于进阶阶段的老年人而言，该阶段则要向其介绍一些较为复杂的功能，如浏览网页、使用社交软件、在线支付等。在引导过程中需要进行耐心讲解，确保老年人能够理解并运用这些功能。针对处于提高阶段的老年人而言，应教授一些高级功能，如数据备份、隐私设置等。同时，鼓励老年人自主学习和探索，增强他们解决问题的能力。

（二）实践导向

注重实践导向，鼓励老年人在日常生活中自主尝试使用数字产品，将理论知识转化为实际操作。具体操作为：一是进行生活场景应用，将学习内容与老年人的日常生活紧密结合，如教授如何通过手机查询天气、订购外卖等，使他们能够将所学应用于实际生活。二是鼓励其动手操作，鼓励老年人在学习过程中亲自操作数字产品，通过实践不断巩固所学知识，如在学习使用社交软件时，让他们亲自添加好友、发送消息等。三是引导其进行反馈，及时了解老年人的使用情况和遇到的问题，提供解决方案和建议，帮助他们不断改进和提高操作技能。

（三）制订学习计划

家庭成员可根据老年人的需求，制订合适的学习计划，确保他们能够按照计划逐步学习和掌握新技能。一是根据老年人具体需求来设定学习，如学会使用手机拨打电话、学会使用微信支付等。明确的目标有助于老年人更有方向地学习等。二是制订学习计划，家庭成员要结合老年人的学习能力和时间安排，合理制订学习计划，确保他们能够按计划逐步掌握新技能。在这里，需要注意学习进度必须具有一定的灵活性，能够做到根据老年人的实际学习情况进行调整。三是设定奖励机制并做到定期检查，以此确保能够为老年人提供最及时和最真诚的帮助。

四、构建良好学习氛围

在老年人的数字技能教育中，构建良好学习氛围具有重要意义。一个温馨、和谐的学习环境可以帮助老年人更容易地接受新知识，增强他们的学习动力。家庭成员需要耐心引导、鼓励老年人敢于尝试和探索数字产品。并且通过共享学习成果、鼓励相互帮助等方式，可以让家庭成员互相支持，形成有利于学习的氛围。在这样的环境中，老年人将能够克服学习过程中的困难，逐步掌握数字技能，由此才能帮助广大老年人更好地融入数字化时代。

（一）耐心引导

耐心引导是构建良好学习氛围的基石。家庭成员在与老年人互动时，应保持平和、友善的态度，尊重他们的意见和需求。面对老年人在学习过程中的困惑和挫折，家庭成员要耐心解答，帮助他们克服困难。此外，家庭成员可以适时给予老年人鼓励和支持，让他们感受到进步和成功的喜悦，激发他们继续学习的动力。在这个过程中，良好的沟通技巧和同理心也是关键，家庭成员应设身处地站在老年人的角度，理解他们的需求和感受，从而更好地提供帮助。

（二）共享学习成果

鼓励老年人与家庭成员共享学习成果有助于增强他们的成就感。当老年人掌握了新的数字技能，可以鼓励他们在家庭聚会或其他场合展示所学，让其他家庭成员看到他们的进步。这不仅能让老年人感受到自己的价值，还能激发他们继续学习的兴趣。还需要注意一点，家庭成员应给予老年人充分的肯定和赞许，让他们知道自己的努力得到了认可，这样的氛围有利于激发老年人的自信心，让他们更加积极地投入到学习中。

（三）鼓励相互帮助

在家庭环境中，鼓励各个家庭成员相互帮助是构建良好学习氛围的重要途径。家庭成员之间应相互支持，共同解决使用数字产品过程中遇到的问题。例如，年青一代可以与老年人分享他们在使用数字产品时的心得和经验，帮助老年人更快地掌握相关技能；而老年人也可以在其他方面提供帮助，形成互助互补的良好互动。通过这种方式，家庭成员之间的关系会更加紧密，同时也有利于营造一个温馨、和谐的家庭学习氛围。

五、定期评估与调整

在老年人的数字技能教育中，定期评估与调整显得尤为重要。这是因为老年人在学习过程中往往会面临各种困难，需要家庭成员密切关注并及时作出调整。定期评估可以帮助工作人员了解老年人的学习进度、掌握情况以及遇到的问题，从而为调整教学方法、学习计划提供依据。同时，鼓励老年人提出反馈意见，有助于家庭成员对教育活动进行持续改进和优化。

（一）定期评估

家庭成员应定期评估老年人使用数字产品的情况，了解他们的学习进度和成果。这可以通过观察老年人在实际操作中的表现、与他们进行交流沟通，或者设置一些简单的测试任务来实现。通过定期评估，家庭成员能够了解老年人在学习过程中的困难和需求，为下一阶段的教育活动提供参考依据。同时，评估结果也有助于激发老年人的学习动力，让他们更加明确自己的学习目标和方向。

（二）及时调整

根据评估结果，家庭成员应及时调整教学方法和学习计划，确保教育活动能够满足老年人的实际需求。例如，如果发现老年人在某个环节存在困难，可以将教学重点放在该环节上，采用更易理解的教学方式进行讲解；如果发现老年人对某些功能产生了浓厚兴趣，可以适当调整学习计划，增加相关内容的学习时间。通过及时调整，能够让老年人的学习过程更加顺畅，提高学习效率。

（三）反馈与改进

鼓励老年人提出使用数字产品过程中遇到的问题和建议，以便对教学活动进行改进和优化。家庭成员应尊重老年人的意见，认真倾听他们的反馈，逐一解决遇到的问题。还可以根据老年人的建议，调整教学内容和方式，使之更符合他们的实际需求。通过这种方式，家庭成员能够不断完善和优化教育活动，为老年人提供更好的学习体验。

六、拓展数字教育资源

拓展数字教育资源对于老年人逆向教育过程中的学习效果至关重要。充足的教育资源能够为他们提供更为丰富的学习材料和实践机会。在这方面，家庭成员可以通过利用在线资源、参与社区互动以及开展亲子活动等方式，拓宽老年人的学习渠道。这样，他们将能够在不同的场景中接触到各种数字产品，从而激发学习兴趣，加深对数字技能的理解和掌握。在这个过程中，老年人也将有机会与家庭成员、社区成员建立更紧密的联系，共同提高数字技能水平。

（一）利用在线资源

充分利用网络资源，为老年人提供丰富的学习材料和案例，帮助他们更好地理解和掌握数字产品。在线资源包括各类教育平台、专业网站、视频教程等，这些资源通常涵盖了丰富的教学内容，适合不同层次的学习者。家庭成员可以根据老年人的兴趣和需求，挑选合适的学习资源。在学习过程中，家庭成员应耐心引导老年人如何查找和使用这些在线资源，帮助他们逐步熟悉网络学习环境。另外，为提高学习效果，家庭成员可以定期与老年人讨论学习内容，解答他们在学习过程中遇到的问题。

（二）社区互动

鼓励老年人参加社区组织的数字产品学习活动，与其他老年人进行交流和互动，共同提高技能水平。社区活动通常具有较强的针对性和实用性，能够满足老年人在学习数字技能方面的需求。参加社区活动的老年人可以相互交流学习经验，共享资源，互帮互助，形成良好的学习氛围。社区活动还可以帮助老年人拓展人际关系，提高他们的社交能力。家庭成员应关注社区组织的活动信息，积极帮助老年人报名参加，以便他们充分利用这些学习机会。

（三）开展亲子活动

组织亲子活动，让孩子和老年人共同学习和使用数字产品，增进代际沟通和亲情。亲子活动可以帮助孩子和老年人相互了解和尊重彼此的需求，培养孩子的责任感和关爱之心，让老年人感受到家庭的温暖和关爱。在亲子活动中，家庭成员可以设计一些简单有趣的任务，鼓励孩子和老年人共同完成，如制作一个家庭相册、组织一场家庭歌唱比赛等。这些活动不仅能够让老年人更好地学习和应用数字技能，还有助于提高家庭成员之间的默契度和感情。这些活动可以让老年人体验到数字技术带来的乐趣，从而增强他们学习的积极性和主动性。

第五节　数字包容：老年人数字生态系统的协同建设

在数字时代，老年人面临着数字鸿沟的挑战。为了消除这一鸿沟，实现老年人的数字包容，需要构建一个协同的数字生态系统，涉及政府、企业、社会各界的共同参与。政府需要发挥引导作用，为老年人的数字生活提供有力支持；企业要积极参与，研发适合老年人使用的数字产品和服务；跨界协作则是打破行业壁垒，实现资源共享，共同解决老年人在数字生活中遇到的问题。数字普惠服务则关乎老年人能否真正融入数字生活，享受数字化带来的便利。在这个过程中，需要关注老年人的特殊需求，提供量身定制的数字产品、技能培训和支持服务，让老年人感受到数字时代的温暖和关爱。

一、数字包容的概念

数字包容这一概念是 2000 年美国作为增加互联网接入以改善"数字贫困"所提出的，初期只是作为一个概念频频出现在政策中，随着互联网社会的发展，在 2010 年以后各国开始对数字包容进行量化测评，并致力于构建完整的数字包容指标体系，澳大利亚电信（Telstra）与斯威本大学在 2012 年提出倡议，并在 2014 年发布了第一份数字包容指数报告。由于数据获得的有限性，国内学者对数字包容性研究大多局限在各政策倡导中，并未系统构建指标体系

来测度数字包容性，并分析其在经济生活中的作用。

二、实现数字包容的路径

（一）政府引导

政府部门应当发挥引导作用，为老年人数字生态系统的建设提供政策支持和资源保障。例如，制定相应的政策措施，鼓励企业和社会组织参与老年人数字生态系统建设，促进数字包容，在实践中的操作如下：

1. 制定政策措施

政府应制定一系列相关政策措施，以鼓励企业和社会组织参与老年人数字生态系统的建设。例如，为参与项目的企业提供税收优惠、资金扶持等激励措施，以降低企业的投入成本，提高他们的积极性，具体政策内容包括以下七项：

（1）资金扶持政策。

设立专项资金支持老年人数字生态系统建设相关的项目和活动，是一种有效的方法。这样的资金可以被用于补贴企业和社会组织开展数字技能培训、购置教学设备等方面的费用，从而降低他们的投入成本。这种政策有助于激发企业和社会组织的积极性，鼓励他们更多地投入到老年人数字生态系统的建设中。

（2）税收优惠政策。

税收优惠政策是另一种重要的政策工具，政府可以通过减免增值税、企业所得税等方式，为参与老年人数字生态系统建设的企业提供税收优惠。这将进一步激励企业投入到老年人数字技能培训和服务中，增强他们的积极性和动力。

（3）优先采购政策。

优先采购政策也是一个重要的措施，政府采购时，可优先考虑购买那些为老年人提供数字服务的企业和社会组织的产品和服务。这将有助于扩大这些企业和组织的市场份额，推动他们继续为老年人提供优质的数字服务。

（4）土地政策。

政府可以为参与老年人数字生态系统建设的企业和社会组织提供土地优惠，如减免租金、提供优惠租赁条件等。这将有助于降低他们的运营成本，提高他们的竞争力。

（5）技术支持政策。

技术支持政策是提升老年人数字生态系统建设的关键。政府应推动科研机构、高校等为企业和社会组织提供技术支持，帮助他们研发针对老年人的数字产品和服务。同时，鼓励企业和社会组织与科研机构、高校合作，共同开展老年人数字技能培训、智能硬件研发等项目。

（6）人才培养政策。

人才培养政策是确保老年人数字生态系统建设质量的重要环节。政府应加强对数字技能培训师资队伍的培养，提供专项培训和职业认证。同时，为从事老年人数字生态系统建设的专业人才提供各种激励措施，如奖学金、职称晋升等。

（7）信息共享政策。

信息共享政策则是推动老年人数字生态系统建设的重要手段。政府应建立老年人数字生态系统信息共享平台，鼓励企业和社会组织之间的资源共享和合作。这样的平台可以实现课程资源、教学经验、研究成果等的共享，进一步推动老年人社区智能技术的全面普及。同时，这样的信息共享平台也有助于各方更好地理解和满足老年人的数字需求，从而提供更高质量的服务。

2. 培育数字教育市场

政府应支持和推动数字教育市场的发展，通过政策引导、资金扶持等方式，吸引更多优质教育资源进入老年人数字生态系统建设领域。这将有助于丰富老年人的学习资源，提高他们的数字素养，其具体措施如下：

（1）建立政策扶持体系。

政府需要制定一系列支持数字教育市场发展的政策，如提供税收优惠、资金扶持等，以鼓励企业和社会组织投身老年人数字教育市场。政策扶持体系是激发企业和社会组织参与热情的重要手段，同时也是确保老年人数字教育市场稳定发展的基础。另外，政府还可以推动数字教育领域的研究与开发，为数字教育市场提供技术支持。这种技术支持可以帮助企业和社会组织提升他们的产品和服务质量，从而更好地满足老年人的需求。

（2）改进课程设置。

政府应主导老年人数字教育课程的设计，确保课程内容符合老年人的需求和特点。这包括为老年人提供基础的计算机知识和技能培训，以及针对不同老年人群体的个性化培训项目。这种个性化的课程设置可以更好地满足老年人的学习需求，提高他们的学习效果。

（3）培训教师队伍。

教师队伍是数字教育质量的保障。政府应加大对专业教师队伍的培训力度，提高教师在数字教育领域的专业素养。这可以通过组织培训班、研讨会等方式，帮助教师掌握数字教育的理论知识和实际操作技能。只有拥有高素质的教师队伍，才能保证数字教育的质量和效果。

（4）提升公共服务水平。

提升公共服务水平是政府的职责所在。政府应优化公共服务体系，充分利用社区、养老院、图书馆等公共设施，开设针对老年人的数字教育课程。同时，政府还可以通过政府采购、合作等方式，引导企业和社会组织参与老年人数字教育服务的提供。这不仅可以提高老年人的数字教育服务质量，还可以使更多的老年人受益于数字教育。

（5）推动产学研合作。

政府还应推动产学研合作，促进高校、科研机构与企业的合作，推动数字教育技术和产品的研发与应用。这可以通过建立产学研合作平台、设立专项研究基金等方式实现。这种合作模式可以将科研成果快速转化为实际产品，从而推动数字教育市场的发展。同时，产学研合作也可以帮助企业和社会组织获取最新的科研成果，提升他们的服务质量。

（6）完善评估与监管机制。

在完善评估与监管机制方面，政府需要建立健全数字教育市场的评估与监管机制，确保老年人数字教育服务的质量和安全。这包括定期评估数字教育服务的质量、用户满意度等指标，以及对违法违规行为的监管和惩戒。这种评估与监管机制可以防止市场的乱象，保护消费者的权益。同时，评估结果也可以为政府的决策提供依据，帮助政府制定更合理的政策。

（7）提高老年人数字教育参与度。

政府应通过各种宣传和推广活动，提高老年人对数字教育的认识和接受度。这包括开展数字教育宣传周、举办数字教育成果展示活动等，让老年人充分了解数字教育的好处和实际应用场景，从而提高他们参与数字教育的积极性。

3. 推动跨部门协作

政府应加强不同部门间的沟通与协作，形成政府、企业、社会组织、教育机构等多方共同参与的局面。例如，教育部门、科技部门、民政部门等可以联合制订老年人数字生态系统建设的行动计划，共同推进项目实施。其具体操作如下：

（1）明确责任分工。

政府应首先明确各部门在老年人数字生态系统建设中的职责和任务，确保各部门明确自己的工作目标和责任。例如，教育部门应负责推广和普及老年人的数字教育，科技部门应负责研发适合老年人的智能硬件和软件产品，民政部门则应关注老年人的数字福利需求。在明确了各部门的职责后，政府可以为各部门制订具体的工作计划和目标，确保各部门有针对性地开展工作，提高工作效率。

（2）设立协调机制。

政府应设立跨部门协调机制，以便于各部门之间的沟通与合作。可以成立专门的跨部门协调小组，由各部门的代表组成，负责统筹各部门的工作进度，解决部门间的问题和冲突，确保整个数字生态系统建设的顺利推进。此外，协调小组还可以定期举行会议，让各部门汇报工作进展，共同商讨如何解决遇到的难题，以便于各部门之间形成良好的协同作战氛围。

（3）制定统一标准。

政府应推动各部门制定统一的数字生态系统建设标准和规范，以便于各部门在实际工作中遵循同一规则，减少不必要的重复劳动和资源浪费。例如，各部门可以共同制定老年人数字教育课程的标准，确保课程内容贴近老年人的实际需求；智能硬件和软件产品可以统一遵循一定的无障碍设计原则，降低老年人使用难度。统一标准的制定可以帮助各部门更加高效地推进工作，提高数字生态系统建设的整体质量。

（4）数据共享和互联互通。

政府应促进各部门间的数据共享和互联互通，以实现资源的最大化利用。

可以建立统一的数据共享平台，使各部门能够方便地获取其他部门的数据和信息，从而提高工作效率和准确性。例如，教育部门可以向科技部门提供关于老年人数字教育需求的数据，科技部门则可以根据这些数据研发更符合老年人需求的产品。通过数据共享和互联互通，各部门能够更有效地协同工作，提升整体工作成效。

（5）定期交流与研讨。

政府应组织各部门定期进行交流与研讨，分享各自在老年人数字生态系统建设中的经验和教训，促进部门间的相互学习和借鉴。定期的交流与研讨有助于各部门更好地协同工作，提高整体工作效果。为实现这一目标，政府可以设立专门的跨部门交流与研讨会议，邀请各部门代表汇报工作进展、分享经验心得、提出建议和需求。此外，可以邀请业内专家参与研讨，为各部门提供指导和建议，促进老年人数字生态系统建设的专业化和高效化。

4. 创新公共服务模式

政府应引导公共服务机构，如图书馆、社区活动中心等，通过提供数字技能培训、设立数字设备体验区等方式，积极参与老年人数字生态系统建设。这有助于提高公共服务的覆盖范围，满足老年人的数字需求，其实践操作如下：

（1）融合线上线下服务。

政府应将线上服务与线下服务相结合，为老年人提供便捷、高效的公共服务。例如，在政府门户网站上提供各类政务服务，方便老年人在线办理，同时保留线下服务窗口，为不熟悉网络操作的老年人提供帮助。此外，政府可以设立专门的老年人服务中心，提供一站式的综合服务，包括健康咨询、养老政策解读、数字技能培训等。

（2）个性化和定制化服务。

政府应关注老年人的个性化需求，提供定制化的公共服务。例如，为视力、听力等方面有障碍的老年人提供专门的无障碍服务；针对生活能力较弱的老年人提供上门服务等。政府还可以通过大数据分析，了解老年人的需求特点，为他们提供更精准的服务。

（3）利用智能化技术提升服务质量。

政府应充分利用人工智能、物联网等技术，提升公共服务的质量和效率。

例如，引入智能语音助手，帮助老年人解答政策咨询、提供生活指导等；通过物联网技术实现对老年人居住环境、健康状况等方面的实时监测，及时发现并解决问题。

（4）强化社区支持。

政府应加强社区在老年人数字生态系统建设中的作用。例如，为社区提供资金和技术支持，建立老年人数字学习和互助中心，组织定期的培训和活动；鼓励社区与志愿者、企事业单位等合作，共同为老年人提供更多元化的服务资源。

5. 加强宣传和普及

在老年人数字生态系统建设的过程中，政府应加大宣传力度，通过各种媒体和渠道，普及数字知识和技能，引导老年人积极参与数字生活。同时，还可以举办各类活动和比赛，以提升老年人的数字素养和参与度，具体实操步骤如下：

（1）制定宣传策略。

政府应制定针对老年人的宣传策略，确保信息传递的准确性和有效性。宣传策略应关注老年人的特点，采用适合他们的语言和表达方式。同时，政府需要关注不同年龄段、地区和文化背景的老年人，确保宣传活动具有广泛的覆盖性。

（2）利用多种媒体渠道。

政府应充分利用电视、广播、报纸、网络等各种媒体渠道，传播老年人数字生态系统建设的重要性、政策措施和实际成果。针对老年人的使用习惯，可以在电视和广播上设置专门的宣传节目，通过报纸和杂志发布相关信息。此外，政府还可以利用互联网和社交媒体，扩大宣传范围，提高信息传播效率。

（3）开展主题宣传活动。

政府应组织各类主题宣传活动，提高老年人对数字生态系统建设的认识。例如，开展"数字化老年生活"宣传周，举办各种讲座、展览和互动活动，让老年人了解数字生态系统的好处和应用场景。此外，还可以举办老年人数字技能大赛、线上线下讲座等活动，鼓励老年人积极参与和学习。

（4）强化基层宣传工作。

政府应加强基层宣传工作，将老年人数字生态系统建设的理念和政策传递到每一个社区和家庭。可以通过社区工作人员、志愿者等进行入户宣传，为老年人提供咨询和指导。同时，政府还应鼓励社区开展数字技能培训班，提高老年人的数字素养。

（5）建立宣传合作机制。

政府应与企业、学校、社会组织等各方建立宣传合作机制，共同推动老年人数字生态系统建设的宣传普及。例如，政府可以与企业合作举办公益活动，倡导企业履行社会责任；与学校合作，开展校园宣传活动，培养学生对老年人数字生态系统建设的关注和参与；与社会组织合作，共同开展数字技能培训和普及活动。

（6）融入日常生活场景。

政府应将老年人数字生态系统建设的宣传融入日常生活场景，让老年人在实际生活中感受到数字化带来的便捷。例如，在公共交通、医疗机构、银行等场所，设置便民服务终端，引导老年人体验数字服务。此外，还可以在社区、公园等老年人活动场所开展数字设备体验活动，让老年人亲身感受数字化的魅力。

6. 监管和评估

政府在构建老年人数字生态系统过程中，应发挥监督与管理作用，确立一套完整的监管和评估机制，以此来确保各项政策措施的有效实施。例如，设立专门的监管机构，负责对参与项目的企业和社会组织进行监督和指导；定期开展项目评估，总结经验教训，不断优化政策措施，具体操作如下：

（1）设立监管机构。

政府应设立专门的机构，负责老年人数字生态系统建设的监督和管理，这一机构应具有全面的职能，包括审查、批准、监督和评估各类与老年人数字生态系统建设相关的项目和活动。这一机构还应协调各部门、企业和社会组织的工作，确保所有的合作伙伴在数字生态系统建设中履行职责、合作共赢。与此同时，监管机构还需要具备一定的制裁权力，对于违反规定或者工作不力的企业和组织，能够及时进行纠正和惩罚。

政府可以参考其他国家和地区成功的经验，结合我国或当地的实际情况，制定适合自身的监管机构设立方案。例如，政府可以设置专门的数字教育部门，负责监督和推动老年人数字教育的发展。这个部门可以由教育部门、科技部门、财政部门等多个部门的代表组成，形成联合监管机制。

（2）制定评估指标。

制定一套完善的评估指标体系是衡量老年人数字生态系统建设成果的重要工具。政府应制定一系列具有可衡量性的评估指标，这些指标应覆盖数字技能普及率、老年人对数字生活的满意度、数字设备使用频率等多个方面。这种多元化的评估体系可以全面了解老年人数字生态系统建设的实际情况，帮助政府及时了解进展情况，发现问题，并作出相应的调整。

政府应广泛征求社会各方面的意见，确保评估指标的公正性和科学性。例如，政府可以在评估指标的制定过程中，邀请老年人、教育专家、科技专家等参与，确保评估指标能够全面、准确地反映老年人数字生态系统建设的情况。

（3）定期评估。

定期进行评估也是保证政策措施有效执行的重要环节。政府应定期对老年人数字生态系统建设进行评估，以了解各项政策措施的实际效果。在评估过程中，政府可以邀请专家和学者参与，以保证评估结果的客观性和准确性。这种定期评估不仅可以及时发现和解决问题，也可以为政策调整提供依据。政府不仅应定期进行自我评估，还应接受社会的公开评估。例如，政府可以每年发布一次老年人数字生态系统建设的进展报告，并接受社会各方面的评议。

（4）公开透明。

公开透明的原则是构建老年人数字生态系统的基础。政府应将评估结果公之于众，接受社会监督。这种公开透明的方式可以增加政府的信任度，及时了解民意，发现问题，并在评估结果的基础上调整政策措施，推动老年人数字生态系统建设的持续改进。

政府应最大限度地公开政策制定和执行的过程，接受社会的监督。例如，政府可以通过网络、报纸、电视等多种方式，公开发布老年人数字生态系统建设的相关信息。

（5）激励与问责。

激励与问责机制是推动老年人数字生态系统建设的重要手段。政府应根据评估结果，对表现优秀的部门、企业和社会组织给予奖励，以激发其继续为老年人数字生态系统建设做出贡献。同时，对于未能履行职责或工作不力的部门和企业，政府应进行问责，督促其改进工作。这种激励与问责的机制可以有效地调动各方的积极性，形成良性竞争，推动老年人数字生态系统的建设。

政府应制定明确的奖励和惩罚机制，鼓励各方积极参与老年人数字生态系统的建设。例如，政府可以对在老年人数字教育领域表现优秀的企业和个人给予奖励，如提供资金支持、优惠政策等。同时，对于未能完成任务或违反规定的企业和个人，应给予相应的惩罚。

在问责机制的执行中，政府应当注重公正性和公平性，确保每一个参与老年人数字生态系统建设的个体或团体都能得到公正的待遇。此外，问责机制也应当具备一定的弹性，对于因特殊情况无法完成任务的个体或团体，政府应当给予理解和支持，而非"一刀切"的惩罚。

（二）企业参与

企业作为数字生态系统的重要组成部分，需要积极参与老年人数字生态系统的建设。例如，针对老年人特点开发定制化的硬件设备、软件应用等，提供便捷、易操作的产品和服务。实现企业积极参与的行动路径由以下三部分构成：

1. 产品和服务创新

企业要关注老年人的需求，结合数字技术的发展，为老年人提供更加符合其需求的产品和服务。例如，设计和开发老年人友好型的智能硬件，如带有大字体和大按键的手机、简易操作的智能家居设备等，让老年人在使用过程中感到便捷舒适。或者开发适合老年人使用的应用软件和平台，如健康管理、养老服务、亲情联系等方面的应用，降低使用难度，提高老年人对数字产品的接受度。再或者向老年人提供定制化的数字服务，针对老年人的特殊需求，如在线医疗咨询、生活服务预约等，为老年人提供全方位的数字化便利。

2. 技术研发与推广

企业应充分发挥技术研发优势，为老年人数字生态系统建设提供技术支持。例如，可探索适合老年人使用的人工智能技术，如语音识别、图像识别等，提高老年人使用数字产品的便利性。同时还要开发针对老年人的辅助技术，如虚拟现实、增强现实等技术，帮助老年人更好地融入数字生活。最后要注重积极开展数字技术在老年人生活领域的推广和应用，与政府、社会组织等多方合作，共同推动老年人数字生态系统建设。

3. 培训与教育

企业应利用自身资源，积极参与老年人数字技能的培训与教育工作。具体而言，先要与政府、学校和社会组织合作，开展针对老年人的数字技能培训课程，帮助他们提高数字素养。随后广泛提供免费或低价的老年人数字技能培训资源，如在线课程、教学视频等，降低老年人学习数字技能的门槛。最后为广大社区老年人制订详细的培训计划和课程体系，结合老年人的学习特点和需求，确保培训效果的最大化。

（三）跨界协作

在多方协同建设具有数字包容性的老年人数字生态系统过程中，各方需加强合作，实现资源共享和优势互补。例如，政府、企业、社区、家庭等多方共同参与，打造一个老年人友好的数字生态系统，具体操作如下：

1. 明确各方角色与责任

（1）政府方面。

政府部门在老年人数字生态系统建设中发挥引导和监管作用，负责制定政策措施，提供必要的资源支持，协调各部门间的合作。同时，政府应着力培育数字教育市场，推动跨部门协作，创新公共服务模式，加强宣传和普及工作。

（2）企业方面。

企业在老年人数字生态系统建设中应积极参与，为老年人提供高质量的数字产品和服务，关注老年人的需求和特点，设计符合老年人使用习惯的产品。企业还应积极响应政府政策，承担企业社会责任，为老年人提供技术支持和培训。

（3）社会组织方面。

社会组织在老年人数字生态系统建设中扮演着桥梁和纽带的角色，负责推广数字技能教育，组织线上线下活动，协助政府和企业进行宣传和普及工作。

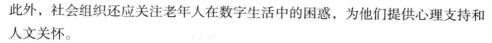

此外，社会组织还应关注老年人在数字生活中的困惑，为他们提供心理支持和人文关怀。

（4）家庭。

家庭方面在老年人数字生态系统建设中起到基础性作用。家庭成员应关心老年人的需求，鼓励他们学习和使用数字技术，提供必要的帮助和支持。家庭也是数字反哺的场所，子女可以教授老人数字技能，实现跨代沟通与互助。

2. 建立合作平台和沟通机制

为了实现各方跨界参与，需要建立合作平台和沟通机制。政府可设立跨部门协调小组，统筹各部门的工作进度，解决部门间的问题和冲突。此外，各方可以共建数字资源共享平台，共享信息和数据，提高工作效率。定期举办跨界交流会议，分享成功经验和教训，共同提高老年人数字生态系统建设的水平。

3. 制定长远规划和目标

各方在老年人数字生态系统建设中的跨界参与，需要制定长远规划和目标。这意味着各方要有统一的认识和共同的愿景，确保各方在实现老年人数字生态系统建设目标的过程中保持一致性和协同性。具体操作如下：

（1）制定老年人数字生态系统建设的总体规划。

各方应共同制定一个全面的老年人数字生态系统建设规划，明确各阶段的目标和措施，确保各方在实施过程中能够顺利推进。同时，规划应关注老年人在数字化转型过程中的实际需求和痛点，以确保数字生态系统能够真正满足老年人的需求。

（2）落实政策措施和资源支持。

政府在制定相关政策措施时，应考虑各方的利益和需求，为老年人数字生态系统建设提供有力的政策支持和资源保障。政府还应加强与企业、社会组织、家庭等各方的合作，共同推动老年人数字生态系统建设。

（四）数字普惠服务

在数字生态系统建设中，关注数字普惠，确保各类服务均可覆盖到老年人。例如，提供便捷的在线医疗、教育、金融等服务，让老年人在家即可享受到高品质的生活服务。

1. 设计易用、友好的数字产品和服务

为了让老年人能够轻松上手数字产品和服务，各企业、开发者和设计师需要关注老年人的特殊需求，为他们量身定制友好易用的数字产品和服务。在设计过程中，应充分考虑老年人的视力、听力和操作习惯等方面的差异，使产品界面直观、操作简单，易于理解。此外，还可以开发一些专为老年人设计的App 软件，提供针对老年人日常生活需求的特定功能，如大字体、语音操作、一键拨号等。

2. 提供针对性的数字技能培训

为了帮助老年人更好地适应数字生活，工作人员需要提供针对性的数字技能培训。可以在社区、养老院、学校等场所设立专门的数字教育课程，邀请专业讲师或志愿者教授老年人如何使用智能手机、平板电脑等数字设备，以及如何应用各种网络服务。在培训过程中，应根据老年人的学习速度和兴趣，采用生动有趣的教学方法，以提高他们的学习积极性。

3. 建立多元化的数字支持网络

为了确保老年人在遇到数字问题时能够得到及时有效的帮助，工作人员需要建立一个多元化的数字支持网络。这包括设立专门的老年人数字技术支持热线，提供电话咨询和上门服务，解决老年人在使用数字设备和网络服务过程中遇到的困难。此外，鼓励家庭成员、邻里和社区志愿者参与到老年人的数字教育和支持工作中，形成一个紧密的社会支持网络，让老年人在遇到困难时能够得到及时帮助。

第六章　老年人社区智能技术应用教育实践的未来发展

　　终身教育思想强调人的一生都是学习的过程，这同样适用于老年人。随着科技进步，智能技术逐渐成为人们生活的重要组成部分，老年人作为社会的一员，也需要学习和掌握这些技术以适应时代发展。因此，在建立老年人社区智能技术应用教育服务体系的基础上，社区居家养老服务信息系统的深度普及为老年人提供了更加便捷、个性化的学习资源。为了让老年人更好地适应社会发展，工作人员应关注老年人社区智能技术应月教育实践的未来发展，从而为他们在晚年阶段创造更加丰富、有意义的生活。

第一节　建立老年人社区智能技术应用教育服务体系

　　在终身教育思想的指导下，未来建立老年人社区智能技术应用教育服务体系最终目的在于全方位满足老年人的学习需求。通过完善的政策支持体系，为智能技术应用教育提供有力保障；构建多元化的教育内容体系，让老年人掌握不同领域的知识与技能；发展优质的教育资源体系，确保教育质量和效果；完善评估与监管体系，对教育成果进行持续监测和改进；创造人性化的服务与环境体系，让老年人在舒适的氛围中愉快学习；培训与拓展体系的建设，提高老年人的生活质量和社会参与度。工作人员将致力于为老年人提供终身学习的机会，让他们在信息时代保持与社会的紧密联系，实现全面发展。

一、完善的政策支持体系

未来在建立老年人社区智能技术应用教育服务体系过程中，构建完善的政策支持体系应视为首要环节。其中，明确政策目标与原则，可以确保教育服务符合老年人的需求；加强顶层设计与制度创新，为教育体系提供有力的制度保障；增加政府投入与资金支持，为智能技术应用教育注入持续动力；构建多元化合作模式，汇聚社会各界力量共同推进；加强政策宣传与培训，提高老年人对智能技术应用教育的认识和接受度；建立有效的监测与评估机制，确保教育质量与服务水平不断提升。政策支持体系将为老年人社区智能技术应用教育发展奠定坚实基础。

（一）明确政策目标和原则

为了达到更好地推动老年人社区智能技术应用教育服务体系建设，确保老年人社区智能技术应用终身教育理念的深入落实这一目的，明确政策目标和原则至关重要。政策目标旨在提升老年人的智能技术应用能力，增强其信息素养，提高生活质量。政策原则则强调公平、公正、实用与创新，确保每位老年人都能在终身教育的大背景下，享受到高质量的智能技术应用教育，为他们在信息时代的生活和学习提供有力保障。

1. 政策目标

未来政策支持体系的目标应明确为提高老年人智能技术应用水平，促进老年人终身学习，提高老年人生活质量。具体来说，应当设定切实可行的指标，例如智能技术应用覆盖率、老年人自主学习和终身学习能力等，以期确保政策制定的有效性和实施的可行性。

2. 政策原则

"以人为本"作为首要原则。在终身教育的背景下，老年人应享有与其他年龄段人群同等的教育机会。政策应充分考虑老年人的特殊生理和心理特点，量身定制适合他们的智能技术教育内容和形式，以提升其学习效果和参与积极性。

公平普惠则是关键性原则。这要求政策在资金、资源和服务等方面给予老年人充分的支持，确保他们不因地域、经济、文化等差异而受到教育机会的限制。此外，政策还应关注弱势老年人群体，如低收入、残疾等，为他们提供特殊的支持和保障。

需求导向则是必要原则之一。这包括及时更新教育内容，以适应科技的快速发展；关注老年人在生活、健康、安全等方面的需求，将智能技术教育与实际生活紧密结合。

（二）加强顶层设计和制度创新

加强顶层设计和制度创新是推进老年人社区智能技术应用教育服务体系建设的关键环节。完善法律法规，为智能技术应用教育提供法治保障，同时制定全面的政策规划，确保各项措施的协调和有效实施。通过这一双重保障，为老年人提供有序和高效的智能技术应用教育环境，为社区老年人智能技术应用教育终身化事业发展奠定坚实基础。

1. 完善法律法规

在终身教育背景下，加强顶层设计和制度创新对老年人社区智能技术应用教育尤为关键。完善法律法规涉及修订现行法规，确保与时俱进，适应老年人社区智能技术应用教育的发展需求。这样，政策实施过程能得到法治保障，为老年人享受社区智能技术应用教育提供坚实依据。

2. 制定政策规划

制定政策规划则涉及编制老年人社区智能技术应用教育发展规划，明确发展目标、重点任务和保障措施。政策规划在确保政策落地生根的同时，需要具备灵活性，随着社会发展和技术进步进行调整和完善。这有助于实现政策的长效性和适应性，以满足老年人在终身教育过程中对社区智能技术应用教育的不断变化的需求。

（三）增加政府投入和资金支持

未来在建设老年人社区智能技术应用教育服务体系过程中，增加政府投入和资金支持至关重要。通过资金保障和优惠政策，激发各级政府和社会各界参与教育事业的积极性，确保资源有效整合与利用。这将为老年人提供更多优质教育资源，满足他们在智能技术应用教育方面的需求，助力社区教育事业持续发展。

1. 资金保障

政府应加大财政投入，设立专项基金，用于支持老年人社区智能技术应用教育项目的实施。这有助于确保相关项目有足够的资金来源，为老年人社区智能技术应用教育发展创造良好的环境。

2. 优惠政策

为推动老年人社区智能技术应用教育发展，政府可出台税收优惠、贷款贴息等政策，激励企业和社会组织参与。这将有助于调动各方积极性，促进老年人社区智能技术应用教育的快速发展。

（四）构建多元化合作模式

面对未来，在建立老年人社区智能技术应用教育服务体系的过程中，将完善的政策支持体系转化为现实必然需要多元化合作模式提供支持，通过鼓励社会参与和跨界合作，整合各方面的优势资源，形成政府、企业、高校、研究机构等多方共同参与的格局。这将有力推动老年人社区智能技术应用教育的创新与发展，为老年人提供更加丰富、高质量的教育服务，满足他们在信息时代的学习需求。

1. 社会参与

鼓励企业、社会组织、高校等各类主体参与老年人社区智能技术应用教育，能够有效整合各方优势资源，为老年人提供丰富多样、针对性强的教育服务。政府主导的同时，各类主体在资源、技术、人才等方面的互补，有利于形成协同发展的局面，从而提高教育质量和效果。

2. 跨界合作

跨界合作则能够打破部门和行业壁垒，促进资源共享和创新发展。教育部门与科技部门合作，共同推动智能技术在教育领域的应用，有助于为老年人提供更便捷、个性化的教育服务。同时，企业与社区、高校等进行产学研合作，共同研发针对老年人的智能技术教育产品，有助于满足老年人多元化的教育需求，为其终身学习提供更多可能性。

（五）加强政策宣传和培训

在未来必将建立的老年人社区智能技术应用教育服务体系中，通过多种渠道和形式提高老年人及社会各界对政策的认知度和理解程度，确保政策覆盖面广，信息传递准确。同时，加强对政策执行者的培训，提升他们的政策执行能力，确保政策能够更好地落实到位，从而为老年人社区智能技术应用教育的健

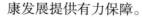

康发展提供有力保障。

1. 政策宣传

在终身教育背景下，加强政策宣传和培训是推进老年人社区智能技术应用教育的重要手段。通过各种渠道加大政策宣传力度，可以提高老年人、家庭成员及社会各界对政策的认知度和理解程度。这有助于提升政策的影响力和执行效果，进而推动老年人社区智能技术应用教育的发展。

政策宣传涉及多种方式，包括政策解读、宣传手册、网络宣传和公益广告等。这些方式可以确保政策覆盖面广，信息传递准确。此外，政策宣传还应注重针对性和实效性，使老年人、家庭成员及社会各界能够更好地理解政策内容，从而提高政策实施的效果。

2. 培训力量

通过培训，可以提高政策执行者的执行能力，确保政策能够更好地落实到位。这包括对政策执行者进行专业知识和技能培训，提升其对政策执行的认识和实施能力。同时，培训还应关注实际操作，使政策执行者能够将所学知识和技能运用到实际工作中，从而提高政策执行的效果。

（六）建立有效的监测和评估机制

在未来老年人社区智能技术应用教育实践中，老年人社区智能技术应用教育服务体系的建立固然需要有效的监测和评估机制作为保证。其间，通过设立合理的评估指标和监测手段，对老年人社区智能技术应用教育的实施效果进行持续跟踪和评估，以确保政策目标的实现。同时，根据监测和评估结果，对政策进行及时调整和完善，进一步提高政策效果，为老年人社区智能技术应用教育的可持续发展提供坚实保障。

1. 监测指标

在终身教育背景下，通过制定相关的监测指标，可以实时跟踪和监测政策实施效果，有助于及时发现政策实施过程中的问题。这有助于为政策优化提供依据，使政策始终更加符合老年人的实际需求和利益，满足广大社区老年人终身学习的需要。

2. 评估机制

建立政策评估机制意味着定期对政策实施效果进行评估，为政策调整和完善提供依据。评估方式可以采取多种手段，如问卷调查、实地考察、数据分析等，确保评估结果客观、全面。这样不仅可以发现政策实施中的问题，还可以为政策优化提供有力支持，使政策更加贴近老年人的需求。

3. 反馈与改进

反馈与改进则是监测和评估机制的关键环节。根据评估结果，政策制定者需要及时总结经验教训，对政策进行调整和完善。这要求政策制定者具有高度的责任心和敏锐的洞察力，以便发现和解决政策执行过程中出现的问题。同时，政策制定者应保持政策与时俱进，确保政策能够更好地适应老年人社区智能技术应用教育的发展需求。

二、多元化的教育内容体系

随着社会的发展和科技的进步，老年人社区智能技术应用教育的内容体系也将不断丰富和完善。这需要政府、企业、社会组织等各方共同努力，为老年人提供更加多元化、个性化的教育资源。例如：可以定期开展针对老年人的智能技术应用教育讲座、培训班等，引导他们探索更多有趣的智能应用；也可以通过线上线下的教育平台，为老年人提供更便捷的学习途径，让他们可以随时随地进行学习，为老年人社区智能技术应用教育的终身化提供有力支撑。

（一）基础教育

基础教育是老年人社区智能技术应用教育的重要组成部分。为老年人提供智能技术应用的基础知识教育，使他们掌握必要的技能，如操作智能设备、利用网络资源等。这将有助于老年人更好地融入信息社会，更加独立地应对日常生活中的挑战。通过基础教育，老年人可以学会使用智能手机、平板电脑等设备，获取各类信息，如健康知识、养老政策等，同时，也能够利用网络工具与家人、朋友保持联系，缓解孤独感。

（二）应用教育

应用教育将针对不同的智能技术，为老年人提供相应的实际应用教育，如智能医疗设备的操作、智能家居系统的使用等。这将有助于提高老年人的生活质量，使他们能够更好地享受科技带来的便利。例如，通过智能医疗设备教育，老年人可以学会使用智能血压计、血糖仪等设备，实时监测自己的健康状况；通过智能家居系统教育，老年人可以学会控制家中的智能设备，如灯光、空调等，提高生活的舒适度。

（三）拓展教育

拓展教育将开展一系列针对老年人兴趣的拓展教育，如在线学习、旅游预订等，提高他们在信息时代的生活质量。这类教育内容将丰富老年人的精神生活，促进他们积极参与社会活动，形成健康的生活方式。例如，在线学习教育可以帮助老年人掌握各类知识，如养生、养老、艺术等，激发他们的求知欲望；旅游预订教育可以帮助老年人学会利用网络资源预订旅游行程、门票等，方便他们开展旅游活动，拓宽视野。此外，拓展教育还可以包括如远程亲子教育、金融理财知识等，使老年人在各个方面都能够充分发挥自己的能力，实现全面发展。

三、优质的教育资源体系

未来在建立老年人社区智能技术应用教育服务体系过程中，优质的教育资源体系将发挥关键作用。构建全国覆盖的教育平台，为老年人提供便捷的在线学习资源；培养专业师资队伍，保障高质量的教育服务；积极与企业、高校及研究机构合作，充分利用各方优势资源共同推进智能技术应用教育。通过这三方面的努力，将为老年人提供丰富、高效的教育资源，满足他们在信息时代的学习需求。

（一）教育平台

建立覆盖全国的老年人社区智能技术应用教育平台。这些平台可以是线上的网络课程、互动教学网站，也可以是线下的社区学习中心、培训班等。在线平台可以让老年人随时随地进行学习，获取实时更新的教育资源，同时也便于他们与其他学员交流互动，分享学习心得。而线下学习中心则可以为老年人提供面对面的教学指导，解决他们在学习过程中遇到的问题，提高学习效果。

（二）专业师资

培养一支具备专业知识和教育经验的师资队伍。这些教师应具备丰富的智能技术应用知识，了解老年人的学习需求和特点，能够因材施教，提供针对性的教学方案。此外，他们还需具备良好的沟通能力和耐心，能够关注每位老年学员的学习进度，对他们给予充分的关怀和支持。

（三）合作资源

与相关企业、高校和研究机构合作，充分利用各方优势资源，共同推进老年人社区智能技术应用教育的发展。例如，政府部门可以与企业合作，引进先进的智能技术设备，为老年人提供更加便捷的学习环境；教育部门可以与高校、研究机构合作，共同研究适合老年人的教学方法和课程体系，提高教育质量。此外，还可以通过产学研合作，鼓励企业投入更多资源研发针对老年人的智能技术教育产品，满足他们多样化的学习需求。

四、完善的评估与监管体系

在建立老年人社区智能技术应用教育服务体系过程中，未来将出现一个完善的评估与监管体系，以确保教育质量，规范市场秩序，保障老年人的权益，及时满足他们不断变化的学习需求。

（一）教育质量评估

建立针对老年人社区智能技术应用教育的质量评估体系，这一体系应关注教育成果的实际效果，通过定期对学员的学习进度、技能掌握情况、满意度等方面进行评估，从而确保教育质量。评估方式可以包括问卷调查、实地考察、数据分析等，旨在全面、客观地了解老年人在学习过程中的实际需求和成果。同时，评估结果可以为政策调整、课程改进等提供重要依据，有助于提高教育服务的针对性和有效性。

（二）监管机制

政府部门应加大对教育市场的监管力度，制定严格的市场准入标准，加强对教育机构的管理和监督，确保他们遵守相关法律法规，提供合规、优质的教育服务。此外，政府还应加大对不良行为的打击力度，对涉嫌虚假宣传、诈骗等违法行为的机构进行查处，以维护市场秩序，保障老年人的合法权益。

（三）反馈与改进

教育服务提供者应积极听取老年人的意见，关注他们的需求变化，及时对教育内容和方式进行调整和改进。例如，可以定期举办座谈会、论坛等活动，邀请老年学员分享学习心得、提出建议，以便更好地满足他们的学习需求。同

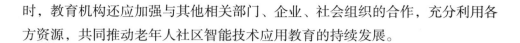

时，教育机构还应加强与其他相关部门、企业、社会组织的合作，充分利用各方资源，共同推动老年人社区智能技术应用教育的持续发展。

五、人性化的服务与环境体系

在建立老年人社区智能技术应用教育服务体系过程中，未来将出现更加人性化的服务与环境体系，以满足老年人在信息时代的学习需求，让终身教育思想能够在老年人社区智能技术应用教育中得以更好地深化落实，以此来提高他们的生活质量。

（一）便捷服务

便捷服务是人性化服务与环境体系的重要组成部分。为了方便老年人随时随地进行学习，教育服务提供者应提供线上和线下相结合的教育服务。线上服务可以通过网络课程、在线教育平台等形式，让老年人足不出户就能学习到最新的智能技术应用知识。而线下服务则可以通过社区学习中心、培训班等形式，为老年人提供面对面的教学指导，解决他们在学习过程中遇到的问题。

（二）亲情陪伴

亲情陪伴在人性化服务与环境体系中也占有重要地位。鼓励家庭成员参与老年人的智能技术应用教育，让老年人在学习过程中感受到家人的陪伴和关爱。家庭成员可以陪伴老年人一起学习，协助他们操作智能设备，解答他们在学习过程中遇到的问题。这样的亲情陪伴不仅可以增进老年人与家人之间的感情，还有助于他们更快地掌握智能技术应用知识。

（三）舒适环境

舒适环境是人性化服务与环境体系中不可忽视的一环。为了让老年人在轻松愉快的氛围中学习，教育服务提供者应为他们提供舒适的学习环境。例如，设立安静的教室，以便老年人专心学习；提供舒适的座椅，让他们在学习过程中感到放松；还可以设置适当的光线和温度，以营造一个宜人的学习空间。

（四）社交互动

社交互动在人性化服务与环境体系中也起着关键作用。鼓励老年人在学习过程中互相交流和帮助，形成良好的学习氛围，增强他们的社交能力和团队协作精神。教育服务提供者可以组织各种互动活动，如小组讨论、实践操作、学习分享等，让老年人在学习的同时，结识新朋友，拓展人际关系。此外，还可以定期举办各类文化活动和庆祝活动，让老年人在轻松的氛围中交流心得，分享智慧，共享快乐时光。通过这些社交互动，老年人不仅能够提高智能技术应用的学习效果，还有助于缓解他们的孤独感，增进与他人的友谊，提高生活质量。

六、培训与拓展体系

在建立老年人社区智能技术应用教育服务体系的过程中，未来的培训与拓展体系将更加丰富多样，主要体现在培训项目、拓展课程和专业认证等方面。

（一）培训项目

针对老年人的智能技术应用教育培训项目将为他们提供技能提升的途径。这些项目将涵盖各种智能技术，如智能手机、平板电脑、智能家居设备等。老年人可以根据自己的需求和兴趣选择参加不同的培训项目，系统地学习智能技术应用的基本知识和操作方法。通过这些培训项目，老年人将能够更好地掌握智能技术，提高自己在信息时代的生活能力。

（二）拓展课程

拓展课程将丰富老年人的业余生活，提高他们的生活质量。这些课程将涵盖各个领域，如养生保健、文化艺术、旅游体验等，满足老年人在智能技术应用教育之外的其他兴趣和需求。通过参加这些拓展课程，老年人可以在享受智能技术带来的便利的同时，拓宽自己的生活领域，提高生活品质。

（三）专业认证

设立老年人社区智能技术应用教育专业认证体系，为他们提供技能认证和职业发展机会。这一认证体系将根据不同的智能技术应用领域，设立相应的认证等级和标准。老年人在完成相应的培训项目和考试后，可以获得相应的专业认证证书。这不仅有助于提高老年人自己的技能水平，还可以为他们提供更多的职业发展机会，例如担任社区智能技术应用教育的志愿者、辅导员等。

第二节　社区居家养老服务信息系统的深度普及

在未来社区发展中，居家养老服务信息系统势必会得到高度普及，同时系统也将会操作更为简便，让老年人无须复杂的学习便可轻松上手。个性化需求匹配将使每位老年人都能获得定制化的服务，满足他们的不同需求。完善的健康管理功能将为老年人提供智能健康监测、个性化健康管理服务和一站式在线医疗服务，确保他们的健康得到有效维护。强大的社交功能将帮助老年人拓展社交圈子，参与丰富多样的线上线下活动，增进彼此间的友谊。最后，丰富的娱乐与教育资源将为老年人提供个性化的学习和娱乐体验，让他们在享受晚年生活的同时，继续学习和成长。这样一款综合性的社区居家养老服务信息系统，必将为老年人的美好生活提供有力支持。

一、操作简便

为了让老年人能够更容易地使用社区居家养老服务信息系统，软件开发商将优化系统的操作界面，提高易用性。通过语音识别、图像识别等人工智能技术，使老年人可以通过简单的操作或语音指令完成各种任务。

（一）优化界面设计

老年人在使用社区居家养老服务信息系统时，往往会遇到界面复杂、操作烦琐的问题，这给老年人带来了不少困扰。因此，优化界面设计是提高社区居家养老服务系统使用率的重要途径之一。未来社区居家养老服务系统需要遵循简洁明了的设计理念，将重点放在核心功能上，同时提供易于理解的图标和文字提示。此外，界面配色应该以老年人的视觉需求为主，避免使用过于鲜艳的颜色，以免老年人感到刺眼不适。

（二）智能语音助手

智能语音助手是现代技术中的一项重要发明，它能够通过语音指令为用户提供各种服务，使用户免于烦琐的操作流程。未来社区居家养老服务系统需要引入智能语音助手，为老年人提供更加人性化的服务。通过语音识别技术，老年人可以通过简单的口头指令完成各种操作，例如查看健康数据、预约服务等。同时，智能语音助手还可以为老年人提供信息咨询、心理疏导等服务，进一步提高社区居家养老服务的质量和效率。

（三）自适应学习功能

老年人在使用社区居家养老服务信息系统时，往往由于技术和操作的复杂性而感到不适，需要耗费更多的时间和精力来学习使用方法。为了解决这一问题，未来社区居家养老服务系统需要具备自适应学习功能，根据老年人的学习进度和能力，灵活调整学习难度和内容。同时，系统还需要提供图文教程、视频教程等多种教学资源，以便老年人随时学习和查阅。

（四）一键求助功能

对于老年人来说，突发状况时的求助能够决定生死，因此一键求助功能的操作简便性也需要得到重视。一键求助功能的核心是快速找到并联系到有能力提供救助的人，因此信息系统需要保证该功能的实时性和准确性。为此，系统应当建立老年人急救队伍的信息库，记录该队伍成员的专业背景、居住地址和联系方式等信息，并定期进行更新和维护。老年人可以通过一键求助功能，快速联系到附近的急救队伍成员，实现快速救援。为了让老年人更加方便地使用一键求助功能，系统应当提供多种操作方式，如按钮式、语音式、手势式等。系统也应当提供救助过程中的实时反馈和位置定位功能，让老年人能够更好地掌握救援的进度和救援人员的位置信息。

另外，还有一点值得高度重视：一键求助功能也应当与社区医疗机构、公安机关、消防机构等机构联系起来。这些机构可以通过信息系统收到老年人求助的信息，快速作出响应。同时，信息系统也应当支持老年人向亲友发送求助信息，提高求助覆盖率。

二、个性化需求匹配

在 21 世纪的科技高速发展时代，社区居家养老服务系统作为老年人的重要支持之一，已经成为关注的焦点。随着社区居家养老服务信息系统的深度普及，未来社区居家养老服务系统将能够实现更加精准的个性化需求匹配，从而提高老年人的生活质量。本书将从多样化的在线互动方式、丰富的在线娱乐资源、在线教育和兴趣培训、社交网络扩展和心理健康关怀五个方面展开论述。

（一）多样化的在线互动方式

多样化的在线互动方式将使得社区居家养老服务更加贴心。未来，养老服务系统将充分利用现有的网络技术和移动通信手段，为老年人提供多种在线互动方式。包括但不限于在线客服、电话热线、社交媒体平台等，老年人可

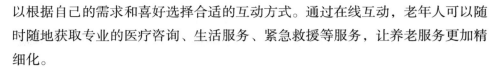

以根据自己的需求和喜好选择合适的互动方式。通过在线互动，老年人可以随时随地获取专业的医疗咨询、生活服务、紧急救援等服务，让养老服务更加精细化。

（二）丰富的在线娱乐资源

丰富的在线娱乐资源将使得居家养老更加多彩。未来的养老服务系统将会整合大量的在线娱乐资源，如音乐、电影、电视剧、直播、游戏等。这些娱乐资源将根据老年人的兴趣爱好进行推荐，以满足他们在家中的娱乐需求。此外，养老服务系统还可以根据老年人的身体状况，推荐一些适合他们的健身、养生等课程，帮助他们保持健康的生活方式。

（三）在线教育和兴趣培训

未来的养老服务系统将提供在线教育和兴趣培训，为老年人提供丰富的学习资源。未来，养老服务系统将整合各类在线教育平台，为老年人提供不同类别的课程，包括语言学习、计算机技能、艺术、手工制作等。这些课程将根据老年人的兴趣和需求进行推荐，帮助他们拓展知识面，提高生活品质。还需要高度明确一点，养老服务系统还将与各类兴趣培训机构合作，为老年人提供线上线下相结合的学习体验，帮助他们拓展社交圈，丰富精神生活。

（四）社交网络扩展

社交网络扩展也是未来社区居家养老服务系统所能实现的个性化需求匹配之一。养老服务系统将利用现有的社交平台，为老年人提供更加便捷的社交方式。通过智能推荐算法，系统将根据老年人的兴趣和喜好推荐志同道合的朋友，从而帮助他们扩展社交圈子。此外，养老服务系统还将组织线上线下的活动，如兴趣小组、户外运动、亲子活动等，鼓励老年人积极参与，提高他们的社交能力和生活质量。

（五）心理健康关怀

心理健康关怀是未来养老服务系统关注的重点。随着老年人口的不断增长，心理健康问题也日益凸显。未来的养老服务系统将重视老年人的心理健康，通过专业的心理咨询、心理健康课程等手段，帮助老年人调适心理状态，建立积极的生活态度。有一方面值得期待，养老服务系统还将借助人工智能技术，对老年人的心理状况进行实时监测，一旦发现异常情况，将及时提供心理干预，保障老年人的心理健康。

三、完善的健康管理

随着社区居家养老服务信息系统的普及度正在逐步提升，未来更会形成深度普及的发展趋势，未来社区居家养老服务系统在社区老年人健康管理方面也将取得显著的新发展。接下来的内容将从智能健康监测设备、个性化健康管理服务、一站式在线医疗服务、跨地域医疗资源共享和社区医疗护理团队五个方面展开论述。

（一）智能健康监测设备

未来，养老服务系统将广泛应用智能健康监测设备，如智能手环、智能床垫、智能血压计等，实时监测老年人的生理数据，包括心率、血压、血糖、睡眠等。通过对这些数据的分析，系统将提供针对性的健康建议和预警，帮助老年人及时了解自己的健康状况，采取相应的措施保持健康。

（二）个性化健康管理服务

养老服务系统将根据老年人的健康状况、生活习惯、饮食喜好等因素，为他们提供个性化的健康管理方案。这些方案包括定制的运动计划、饮食建议、用药指导等，旨在帮助老年人保持健康的生活方式，预防疾病的发生。此外，养老服务系统还将与家庭医生、营养师、康复师等专业人士密切合作，确保老年人的健康管理方案科学合理。

（三）一站式在线医疗服务

未来的养老服务系统将整合各类在线医疗平台，为老年人提供在线挂号、远程问诊、药品配送等一站式服务。这将有效缓解老年人出行困难的问题，让他们在家就能享受到专业的医疗服务。同时，养老服务系统还将与各大医院、诊所、药店建立合作关系，确保老年人能够及时获得高质量的医疗资源。

（四）跨地域医疗资源共享

养老服务系统将采用先进的信息技术，实现不同地区、不同医疗机构之间的医疗资源共享。这将让社区老年人能够方便地获取到全国乃至全球的优质医疗资源，打破地域限制，为他们提供更加全面、高效的医疗服务。例如，远程会诊技术可以让老年患者在家中就能得到全国顶尖医生的诊断建议，大大提高

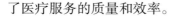

了医疗服务的质量和效率。

（五）社区医疗护理团队

养老服务系统将建立专门的社区医疗护理团队，包括家庭医生、护士、康复师、心理咨询师等，以提供全方位、细致的医疗护理服务。这些团队成员将定期对社区老年人进行健康检查、用药指导、心理辅导等，确保他们的身心健康。同时，社区医疗护理团队还将与家属保持紧密沟通，及时传递老年人的健康状况，提升家属对老年人健康管理的参与度。

四、强大的社交功能

在未来的社区居家养老服务信息系统中，社交功能将得到进一步加强。老年人可以通过系统轻松找到兴趣相投的朋友，参与线上和线下的活动，充实自己的社交生活。此外，系统还可以帮助老年人与家人保持联系，增进家庭成员间的感情交流。

（一）线上社交平台

养老服务系统将整合各类现有的社交平台，为老年人提供定制化的社交体验。这些平台将包括专门针对老年人的社交应用，如老年人兴趣小组、线上亲子互动、远程探望等。通过智能匹配和推荐算法，系统将根据老年人的兴趣爱好为他们推荐合适的社交圈子和朋友。此外，为了增强社交平台的互动性和趣味性，养老服务系统还将引入各类游戏、互动环节，让老年人在享受社交乐趣的同时，增进彼此间的友谊。

（二）社区活动中心

养老服务系统将设立多功能的社区活动中心，提供丰富多样的活动项目，如兴趣班、健身课程、手工艺、书画、音乐等。这些活动旨在满足老年人多样化的兴趣需求，帮助他们拓展社交圈子，结识新朋友。同时，社区活动中心还将定期举办各类联谊、座谈、讲座等活动，让老年人有更多机会交流心得，分享生活经验。

（三）跨代互动促进

养老服务系统将致力于打破年龄壁垒，推动不同年龄层之间的交流与互动。例如，通过组织亲子活动、志愿者服务等项目，让老年人与年轻人、孩子共同参与，增进彼此的理解与尊重。这种跨代互动不仅有助于传承文化和传统，还能让老年人更好地融入社会，为他们的晚年生活增添色彩。其中，社区居家养老服务信息系统将推动跨代互动活动的开展，如亲子阅读、科技教育、志愿服务等。这将有助于打破代沟，增进不同年龄层之间的理解和尊重。

（四）丰富的户外活动

养老服务系统将根据老年人的兴趣和身体状况，组织各类户外活动，如旅游、徒步、野餐、公园活动等。这些户外活动将让老年人走出家门，亲近大自然，享受阳光和新鲜空气，同时拓展社交圈子，结识新朋友。为了确保活动的安全和顺利进行，养老服务系统还将配备专业的活动组织人员和医疗救援团队，为老年人提供全方位的保障。届时，系统将整合周边的旅游景点、公园等资源，定期组织老年人进行户外活动，如集体旅游、健身锻炼、环保活动等。这将有助于老年人开阔视野，享受生活，同时也为他们提供与他人互动的机会。

五、丰富的娱乐与教育资源

社区居家养老服务信息系统将为老年人提供丰富的娱乐和教育资源，包括音乐、电影、电子书籍等。此外，系统还会推荐适合老年人的兴趣班和学习课程，帮助他们充实自己的精神文化生活。

（一）资源整合与合作

养老服务系统将广泛与各类文化、教育、科技等机构展开合作，充分利用现有资源，为老年人提供丰富多样的娱乐与教育内容。例如，系统可以与电视台、网络视频平台、音频平台等合作，整合各类影视剧、纪录片、音乐、有声读物等资源，满足老年人不同的娱乐需求。同时，养老服务系统还可以与各类教育机构合作，推出针对老年人的在线课程、讲座、公开课等，帮助他们继续学习和成长。

（二）个性化推荐

养老服务系统将运用大数据、人工智能等先进技术，对老年人的兴趣爱好、学习习惯等进行深度挖掘和分析。基于这些信息，系统将为老年人提供个性化的娱乐与教育资源推荐，让他们能够轻松找到符合自己需求的内容。此外，为了增强推荐的准确性和实效性，养老服务系统还将不断优化推荐算法，实现对老年人需求的精准捕捉和满足。

（三）互动式学习

养老服务系统将推动教育资源的互动化改革，让老年人在学习过程中能够充分发挥主观能动性，提高学习效果。例如，通过在线课堂、互动教学软件等工具，老年人可以实时与老师、同学进行沟通、讨论、互动，获得更加生动、有趣的学习体验。同时，养老服务系统还将引入各类游戏、竞赛等元素，将学习与娱乐相结合，激发老年人的学习兴趣和积极性。

参考文献

［1］Carvalho C V D，Cano P，Roa J M，et al. Overcoming the Silver Generation Digital Gap［J］. Journal of Universal Computer Science，2019，25（12）：1625–1643.

［2］Choudrie J，Ghinea G，Songonuga V N . Silver Surfers，E-government and the Digital Divide：An Exploratory Study of UK Local Authority Websites and Older Citizens［J］. Interacting with Computers，2013，25（6）：417–442.

［3］Fietkiewicz K . Jumping the Digital Divide：How do "Silver Surfers" and "Digital Immigrants" Use Social Media?［J］. Networking Knowledge Journal of the MeCCSA Postgraduate Network，2017，10（1）：5–26.

［4］Jacobson J，Lin C Z，Mcewen R .Aging with Technology：Seniors and Mobile Connections［J］. Canadian Journal of Communication，2017，42（2）：331–357.

［5］Mcmurtrey M E，Mcgaughey R E，Downey J P，et al. Seniors and Information Technology：Lessons from the Field［J］. International Journal of Intercultural Information Management，2013，3（2）：107–122.

［6］Vyas A. Adoption，Use and Diffusion of Online Social Networks in the Older Population：A UK Perspective［D］. London：University of Hertfordshire，2013.

［7］昂润钰，张志胜.数字鸿沟与城市老年人的社区参与——基于多元主体治理的视角［J］.邵阳学院学报（社会科学版），2023，22（1）：58-63.

［8］蔡丹旦，刘舒扬，徐清源.数字产品适老化面临"四道槛"——激活银发经济亟需弥合老年人"数字鸿沟"［J］.中国经贸导刊，2022（7）：52-53.

［9］陈秋苹.智能社会中的老年人生活："数字鸿沟"与弥合之径［J］.

淮阴工学院学报，2021，30（4）：15-19.

［10］陈万球，邓丽伶.老龄技术守护：人工智能时代老年数字鸿沟及其弥合路径［J］.昆明理工大学学报（社会科学版），2022，22（5）：45-52.

［11］程瀛.老年人与数字鸿沟背景、现状与影响——对"老年人与互联网"的新闻报道内容的分析［M］.北京：社会科学文献出版社，2012.

［12］大兴区委社会工委区民政局，大兴区社区学院，大兴区老龄产业协会.跨越数字鸿沟科技　助老新生活［M］.北京：华龄出版社，2021.

［13］邓令其.中国移动银色守护计划［J］.销售与市场（管理版），2022（7）：103.

［14］杜鹏，韩文婷.数字包容的老龄社会：内涵、意义与实现路径［J］.北京行政学院学报，2023（2）：40-47.

［15］郭中华.跨越数字鸿沟：智能时代老年教育的价值向度［J］.成人教育，2022，42（7）：45-51.

［16］何嫦华，余梦瑶，刘芊妤.老年人数字鸿沟影响因素及数字融入研究［J］.科技传播，2022，14（11）：76-78.

［17］胡安安，黄丽华，许肇然.智慧老龄化：消弭"银色"数字鸿沟［J］.上海信息化，2017（10）：33-36.

［18］胡顺荣.数字鸿沟理论下城市老年人主观幸福感的叙事研究［D］.广州：广东工业大学，2022.

［19］胡亚捷.数字鸿沟下社会支持对老年人主观福利水平的影响研究［D］.杭州：浙江财经大学，2021.

［20］黄德桥，路耀.农村老年人"数字鸿沟"的形成及弥合路径［J］.当代职业教育，2022（6）：22-30.

［21］江月山，黄久松.数字化社区智能技术产业链导论［M］.北京：中国建筑工业出版社，2003.

［22］姜文彩.数字化背景下城市社区老年人社会适应干预研究［D］.长春：吉林大学，2022.

［23］蒋文宁，朱晓琦，陈振中.智能时代农村老年人消费困境及教育对策——基于三级数字鸿沟理论［J］.中国成人教育，2022（13）：13-17.

[24] 蒋玥.智慧社区环境下城市社区居家养老服务供给研究[D].武汉：华中师范大学硕士学位论文，2020.

[25] 李汉雄，万广华，孙伟增.信息技术、数字鸿沟与老年人生活满意度[J].南开经济研究，2022（10）：109-126.

[26] 李梦楠.数字时代银色数字鸿沟之痛及弥合路径[J].文化产业，2022（17）：25-27.

[27] 李平.互联网应用适老化改造加速助力老年人跨越"数字鸿沟"[J].网信军民融合，2021（4）：28.

[28] 刘斐.为老人而设计[M].上海：上海科技教育出版社，2015.

[29] 刘建国，苏文杰."银色数字鸿沟"对老年人身心健康的影响——基于三期中国家庭追踪调查数据（CFPS）[J].人口学刊，2022，44（6）：53-68.

[30] 刘键.老龄化背景下智能导视系统的创新设计[M].北京：中国铁道出版社，2018.

[31] 刘满成.老年人采纳为老服务网站影响因素研究[M].北京：经济科学出版社，2013.

[32] 刘人豪，邱乾.老年人数字鸿沟中被忽视的朋辈影响[J].青年记者，2020（36）：31-32.

[33] 马蔼凤.农村"银龄"如何跨越数字鸿沟——基于企业和家庭的思考[J].大陆桥视野，2022（11）：92-94.

[34] 马福生."智慧+"，助力老年人跨越数字鸿沟的探索[J].天津职业院校联合学报，2022，24（10）：118-122.

[35] 马瑞红.跨越数字鸿沟：老年人智能手机教学服务实践研究[D].杭州：杭州师范大学，2022.

[36] 闵栋.AI+医疗健康智能化医疗健康的应用与未来[M].北京：机械工业出版社，2018.

[37] 宁静，周应发，原欣伟，等.数字鸿沟视角下老年人互联网使用障碍与应对策略研究——以西安市城居老人为例[J].电脑知识与技术，2022，18（13）：125-127+131.

［38］潘曙雅，邱月玲.“银色数字鸿沟”的形成及弥合——基于2001—2019年的文献梳理和理论透视［J］.新闻春秋，2021（1）：27-33.

［39］秦少怡，高莉，吴海凉，等.智能时代下老年人跨越数字鸿沟的探析［J］.经济研究导刊，2022（11）：62-64+80.

［40］邵世煌.智能技术及其应用［M］.北京：科学出版社，2009.

［41］邵旸，樊美琪，蔡滨，等.数字医疗背景下老年人就医数字鸿沟现状及治理路径研究［J］.医学与哲学，2022，43（24）：73-76.

［42］沈超.中老年人玩转App图解版［M］.北京：人民邮电出版社，2015.

［43］沈费伟，曹子薇.从数字鸿沟到数字包容：老年人参与数字乡村建设的策略选择［J］.西北农林科技大学学报（社会科学版），2023，23（1）：21-29.

［44］石晋阳.老年人的数字融入困境与媒介教育出路——基于数字鸿沟的视角［J］.青年记者，2020（25）：14-15.

［45］宋晔琴，贾小岗，甄东.公共服务可及性视角下老年人数字鸿沟的治理逻辑与优化路径［J］.昆明理工大学学报（社会科学版），2023，23（1）：47-54.

［46］王吉，潘彬.跨越银色数字鸿沟：老年人信息技术教育初探［J］.江苏广播电视大学学报，2013，24（2）：19-22.

［47］王娟，张劲松.数字鸿沟：人工智能嵌入社会生活对老年人的影响及其治理［J］.湖南社会科学，2021（5）：123-130.

［48］王俊怡.路径·嬗变·弥合：新媒体语境下老年“数字鸿沟”探析［J］.新闻研究导刊，2022，13（19）：133-136.

［49］王珂.代际数字鸿沟中的数字反哺现象研究［J］.传播与版权，2023（4）：87-90.

［50］王兴伟.弥合老年数字鸿沟　推进终身教育共富的实践向度［J］.继续教育研究，2023（1）：48-52.

［51］王依依，郭晓薇，刘也良.打碎“智能墙”——“数字鸿沟”下的老年人［J］.中国卫生，2021（3）：82-85.

［52］吴旭红，何瑞，吴朵．双向赋能：数字化转型背景下"银发鸿沟"的破解之道——基于南京市 J 区"智慧养老"实践案例的研究［J］.电子政务，2022（5）：19-30.

［53］徐越，韵卓敏，王婧媛，等．智能化背景下老年人数字鸿沟的影响因素及其形成过程分析［J］.智能计算机与应用，2020，10（2）：75-82.

［54］徐越．老年人数字包容的困境及化解路径研究［D］.上海：上海工程技术大学，2020.

［55］闫燕燕．数字鸿沟视域下老年人数字边缘化问题研究［D］.太原：山西财经大学，2022.

［56］杨博琨，周妍彤．代际伦理视域下老年人数字鸿沟现象成因及解决路径［J］.西部广播电视，2022，43（21）：121-124.

［57］杨菊华，刘轶锋．数字时代的长寿红利：老年人数字生活中的可行能力与内生动力［J］.行政管理改革，2022（1）：26-36.

［58］杨千腾，张品，胡冰晗，等．代际数字鸿沟成因及其弥合路径研究［J］.合作经济与科技，2023（1）：154-157.

［59］杨雅舒．数字鸿沟视角下城市老年人智能手机使用研究［D］.长春：吉林大学，2022.

［60］姚颖超．面对银色浪潮 明天我们如何养老［J］.宁波通讯，2021（10）：54-59.

［61］岳子琦．城市老年人数字鸿沟研究［D］.昆明：云南大学，2021.

［62］曾茜．增能理论视角下弥合老年数字鸿沟的社会工作小组干预研究［D］.上海：华东理工大学，2022.

［63］张莹莹，郑淇，刘雨琦．弥合老年人数字鸿沟对策探究［J］.合作经济与科技，2023（10）：180-182.

［64］郑振锋，裴凯．积极接入与消极逃避——论老年人手机使用的差异［J］.新闻知识，2022（5）：56-64.

［65］朱海龙．老年慢性病患者智慧居家服务模式［M］.北京：社会科学文献出版社，2021.